Dossiers et Documents

Du même auteur

Parenthèse : deux mois d'errance urbaine, Fides, 2011.

QUÉBÉCOIS 101
NOTRE PORTRAIT EN 25 TRAITS

Catalogage avant publication de Bibliothèque et Archives nationales du Québec et Bibliothèque et Archives Canada

Côté, Pierre
Québécois 101 : notre portrait en 25 traits
(Dossiers et documents)
ISBN 978-2-7644-2134-5 (Version imprimée)
ISBN 978-2-7644-2222-9 (PDF)
ISBN 978-2-7644-2223-6 (EPUB)
1. Québec (Province) - Conditions sociales - 21e siècle. 2. Québécois - Entretiens. I. Titre. II. Titre : Québécois cent un. III. Collection : Dossiers et documents (Éditions Québec Amérique).
HN110.Q8C67 2012   306.09714'0905   C2012-940179-X

 Conseil des Arts du Canada · Canada Council for the Arts

Nous reconnaissons l'aide financière du gouvernement du Canada par l'entremise du Fonds du livre du Canada pour nos activités d'édition.

La SPACQ reconnaît l'aide financière de la Fondation SOCAN et du gouvernement du Canada par l'entremise du Fonds de la musique du Canada.

Gouvernement du Québec – Programme de crédit d'impôt pour l'édition de livres – Gestion SODEC.

Les Éditions Québec Amérique bénéficient du programme de subvention globale du Conseil des Arts du Canada. Elles tiennent également à remercier la SODEC pour son appui financier.

Québec Amérique
329, rue de la Commune Ouest, 3e étage
Montréal (Québec) Canada H2Y 2E1
Téléphone : 514 499-3000, télécopieur : 514 499-3010

Dépôt légal : 2e trimestre 2012
Bibliothèque nationale du Québec
Bibliothèque nationale du Canada

Révision linguistique : Diane-Monique Daviau et Chantale Landry
Mise en pages : Andréa Joseph [pagexpress@videotron.ca]
Conception graphique : Nathalie Caron
Photographie en couverture : Photocase (© elspiko)

Tous droits de traduction, de reproduction et d'adaptation réservés

©2012 Éditions Québec Amérique inc.
www.quebec-amerique.com

Imprimé au Canada

PIERRE CÔTÉ

QUÉBÉCOIS 101
NOTRE PORTRAIT EN 25 TRAITS

Québec Amérique

REMERCIEMENTS

Je tiens à remercier Denis Trottier, député de Roberval à l'Assemblée nationale. Au-delà de toute considération politique, sa curiosité, son intérêt envers les travaux de recherche de l'IRB (Indice Relatif de Bonheur) et sa volonté d'en apprendre davantage sur la société québécoise m'ont donné l'élan nécessaire pour écrire cet ouvrage.

SOMMAIRE

PRÉFACE DE JACQUES PELLETIER 11
AVERTISSEMENT 13
AUTOPORTRAIT DE L'OBSERVATEUR PIERRE CÔTÉ 15
INTRODUCTION 19

LES 25 TRAITS

1) La personnalité 25
2) Les sexes 33
3) L'amour et le sexe 43
4) La santé 53
5) La famille 59
6) Le travail 65
7) L'argent 75
8) L'amitié 83
9) L'éducation 89
10) L'ouverture 97
11) La politique 103
12) Les médias 109
13) Les syndicats 115
14) La justice 119
15) La religion 123
16) La solidarité 127
17) Le leadership 135
18) La spiritualité 141
19) L'environnement 149

20) L'image 153
21) Le hockey 157
22) Les réseaux sociaux et la technologie 165
23) Montréal 173
24) Le Canada 179
25) L'avenir 185

CONCLUSION 191

ANNEXES 195
Méthodologie 101 197
Les tableaux 201

PRÉFACE DE JACQUES PELLETIER

Ce livre est un cadeau.

Ce livre est unique pour apprendre qui nous sommes. *Québécois 101* est un portrait. Un portrait de société, une photo de l'opinion publique à un moment précis de l'histoire du Québec. Les images, les opinions et les faits présentés dans *Québécois 101* sont fiables et représentatifs. Parole d'un sondeur qui scrute l'opinion des Québécois depuis plus de quarante ans. On a ici un éclairage neuf, une connaissance nouvelle de la personnalité québécoise.

Vous aimerez lire ce livre. Chaque chapitre ajoute un morceau à la mosaïque des opinions que nous entretenons à l'égard des autres et de nous-mêmes. Un texte dense, sans mots inutiles, gorgé de chiffres, de statistiques permettant la mesure et la comparaison.

Vous aimerez relire ce livre. Impossible de tout retenir. On peut lire et relire ce livre et chaque fois faire de nouvelles découvertes. Des faits *a priori* anodins sont tout à coup reliés entre eux ou placés dans un contexte particulier et nous révèlent l'existence de certains traits dominants de notre personnalité.

Vous aimerez offrir ce livre. Véritable miroir de la société québécoise en 2012, il est le résultat d'une vaste recherche auprès de dizaines de milliers de québécois. Un réservoir immense de connaissances inestimables dans lequel on puisera longtemps. Un livre utile, un livre pour apprendre, un livre de référence. Il sera cité souvent. Ce livre est un cadeau.

Jacques Pelletier
Président-fondateur de L'Observateur, firme de recherche

AVERTISSEMENT

Comme dans toute analyse statistique et interprétative, il est important de préciser que ce travail s'attarde à étudier les tendances de groupes ou de différents segments de la population, ce qui ne veut pas dire que toutes les personnes qui constituent ces groupes ou segments possèdent automatiquement les mêmes caractéristiques et partagent les mêmes perceptions que celles décrites.

Québécois 101 est l'expression concrète de cette analyse.

• • •

Les opinions exprimées dans cet essai sont celles de l'auteur et ne reflètent pas nécessairement le point de vue de l'éditeur.

AUTOPORTRAIT DE L'OBSERVATEUR PIERRE CÔTÉ

Depuis 2006, Pierre Côté, par le biais de l'indice qu'il a créé pour évaluer le niveau de bonheur de notre société (Indice Relatif de Bonheur: IRB), a réalisé quarante recherches et posé plus de huit cents questions aux Québécois. Des questions de tous ordres, qui permettent de mieux comprendre qui nous sommes, nos valeurs, nos opinions, nos perceptions. Des questions pour mieux saisir la société qui est la nôtre. Mais qui est Pierre Côté?

- Il s'inscrit à l'Université Laval, davantage pour faire partie de la formation de volley-ball du Rouge et Or que pour étudier la communication.

- Il joue au volley-ball sur la scène nationale et internationale jusqu'à l'âge de trente-sept ans, c'est-à-dire jusqu'à ce que ses genoux lui fassent comprendre qu'il est temps d'accrocher ses espadrilles.

- Il débute sa carrière chez Cossette, agence de publicité phare au Québec, comme chargé de projets. Une grande école. Il y côtoie Claude Cossette, qui lui avait enseigné à l'université. Paul Lefebvre, un des associés fondateurs, un sage dont le jugement l'impressionne, lui fait comprendre l'importance d'établir des objectifs clairs, des stratégies précises.

- Toujours chez Cossette, il travaille étroitement avec Paul Gauthier, actuel président de l'agence LG2 et l'un des grands concepteurs publicitaires québécois. C'est à son contact qu'il réalise et comprend toute la force et l'impact d'une création percutante mise au service d'une stratégie appuyée.

- Il s'occupe entre autres du dossier du Manic, l'ancêtre de l'Impact et première équipe professionnelle de soccer à Montréal, et vit sa plus grande émotion lorsque 60 000 fans en délire acclament l'équipe lors de son match inaugural au Stade olympique en 1981. Un moment inoubliable.

- Il poursuit en parallèle sa carrière de volleyeur, jouant un peu partout au Canada, aux États-Unis et en Europe. Pendant toutes ces années, son équipe n'arrivera pas à mettre la main sur le titre de Champions Canadiens, terminant à toutes les positions, mais n'atteignant jamais celle tant convoitée.

- Il fonde en 1986 sa propre agence de publicité, Olive communication. Une belle période, une belle agence où il a su appliquer les principes appris chez Cossette, mais en y ajoutant sa propre touche. C'est avec Olive communication qu'il fait une rencontre marquante. Celle de Jacques Pelletier, sondeur et mathématicien possédant une maîtrise en statistiques avec spécialisation en calcul des tailles échantillonnales. Jacques Pelletier, actuel président de la firme de sondage L'Observateur, devient une sorte de mentor pour Pierre Côté, qui s'abreuve de ses connaissances et continue encore de le faire aujourd'hui, après presque trente ans de collaboration ininterrompue.

- Il laisse le milieu des agences pour devenir consultant en marketing et communication afin de s'impliquer davantage en amont du processus marketing.

- Il fonde l'Indice Relatif de Bonheur (IRB) en 2006. Une passion folle. Une obsession, presque. Un véritable observateur social indépendant. C'est Jacques Pelletier qui l'incite à développer plus à fond cette idée innovante, à peine naissante. Il consacre alors à cet Indice l'essentiel de son temps.

- Il navigue selon les demandes, de l'analyse marketing à l'analyse sociale. Cette dernière le fascine, le préoccupe.

- Il crée les vingt-quatre facteurs d'influence du bonheur et détermine l'ordre général dans lequel chacun agit sur les individus.

- Il développe un questionnaire audacieux qui permet de comparer l'évaluation que chacun fait de son bonheur ainsi que l'expression de ce dernier selon chacun des vingt-quatre facteurs.

- Il lance en 2007 le palmarès des villes les plus heureuses. Une belle vitrine et un exercice qui fait jaser.

- Il crée en 2010 l'IRB au travail et développe la théorie des cinq R du bonheur au travail (voir chapitre 6), un outil de mesure du bonheur des travailleurs. Une approche contemporaine et inédite.

- Il lance en 2011 l'IRB municipal, une mesure précise et détaillée du niveau de bonheur des collectivités. Du jamais-vu. Cette mesure permet d'identifier et d'améliorer plusieurs facteurs d'influence du bonheur d'une communauté.

- Au cours des années, il accorde plus de mille deux cents entrevues dans les médias pour expliquer et commenter les résultats de ses recherches. Il agit également comme collaborateur à Rythme-FM Montréal, à Canal Vox ainsi qu'à l'émission d'Isabelle Maréchal au 98,5 FM.

- Il accepte de participer à la série documentaire *Naufragés des villes* diffusée à RDI en 2011 et vit deux mois à Montréal avec, comme seule ressource, les 592,08 $ d'allocation mensuelle accordée par l'Aide sociale à un homme apte au travail. Une expérience marquante et déterminante.

- Il publie *Parenthèse : deux mois d'errance urbaine*, un récit intimiste de l'expérience vécue lors de sa participation à *Naufragés des villes*.

- Il s'implique et s'engage pour sensibiliser la population et modifier les perceptions face à la pauvreté et aux plus démunis en donnant des dizaines de conférences dont plusieurs pour Centraide et différents organismes œuvrant dans les domaines communautaires.

- Il se décrit comme un libre-penseur qui a la chance d'appuyer sa pensée sur une multitude de données. Il n'est lié à personne et exprime franchement ce qu'il observe. Ses constats ne font pas toujours dans la dentelle.

- Il souhaite contribuer, bien humblement et à sa façon, selon ses compétences et ses moyens, à l'amélioration de la société. Il a deux magnifiques enfants : Alixe, vingt-deux ans, et Simon, vingt-cinq ans. Et encore un bout de vie devant lui qu'il mène avec attention et intentions.

INTRODUCTION

Comme un voyeur obsédé qui scrute et analyse les moindres détails, regardant tantôt de près par le trou de la serrure, tantôt du haut d'un poste d'observation avec des jumelles, l'auteur, par l'entremise de l'IRB, s'est immiscé dans la tête des Québécois. Les résultats obtenus sont parfois marrants, d'autres fois navrants, mais ils s'avèrent toujours intéressants.

C'est qu'il s'en passe des choses dans la caboche des Québécois! Et ils ne se gênent pas pour l'exprimer. L'IRB a posé au-delà de 800 questions à plus de 70 000 Québécois. Et ils ont répondu. Sans leur participation, cet ouvrage n'aurait jamais vu le jour. Des questions souvent intimes, personnelles. Des questions que l'on se pose, des réponses que l'on cherche. Pourquoi tout ça? Pour savoir, comprendre. Pour mieux agir. Pour contribuer au débat en diffusant une information différente et porteuse de sens. C'est tout, mais c'est déjà beaucoup.

Évidemment, il y avait un but. Mieux connaître le bonheur. Le décortiquer, le dépecer en petits morceaux, l'assaisonner et l'apprêter afin de le rendre moins fade que le plat mièvre et convenu qu'on nous sert partout. Le sortir de l'ésotérisme et de la psycho-pop dans lesquels il trempe depuis longtemps. Voir comment et combien nos attitudes, opinions, comportements, croyances et valeurs peuvent influencer le sens de ce mot galvaudé à outrance. Bref, rapprocher le bonheur de la science.

Maintenant, le bonheur, pour l'IRB, n'a plus rien de sentimental. C'est désormais une variable technique et scientifique que l'on peut intégrer dans des modèles, des systèmes, des grilles et des études afin de pouvoir agir pour l'améliorer. Du jamais-vu. Du jamais-fait.

Mais on ne parlera pas dans cet essai de bonheur, ou très peu. Ce sera pour une autre fois. Car pour décortiquer le bonheur des Québécois, il faut d'abord disséquer ce qu'ils ont entre les deux oreilles. C'est cet espace de quelques centimètres qui intéresse et fascine l'auteur, assez pour consacrer cet ouvrage, non pas au bonheur, mais à un portrait du Québécois.

Cet essai est un ouvrage factuel, une vaste analyse sociale, un état des lieux. Pour prendre le pouls du patient, la température de la bête. Pour aussi mettre des points sur les i et des barres sur les t. Exprimer des choses que l'on n'entend pas souvent. Parce qu'on ne veut pas vraiment les entendre.

Au total, vingt-cinq traits ont été répertoriés. Des traits qui caractérisent notre personnalité, qui définissent notre réalité. Du travail à l'amour, de la politique à la religion, sans oublier le hockey. D'ailleurs, que ferait-on sans ? Ces vingt-cinq traits relèvent à la fois d'un choix statistique et subjectif, chacun étant au service de l'autre.

Non, ce n'est pas la version moderne des *36 cordes sensibles* de feu Jacques Bouchard, ni dans l'intention, ni dans la prétention, ce qui n'empêchera pas d'y faire parfois allusion. Rappelons que cet ouvrage culte des années 70 cherchait initialement à démontrer aux annonceurs américains et canadiens la différence québécoise et l'importance de créer des campagnes publicitaires conçues par et pour des Québécois, et ce, dans l'optique d'obtenir de meilleurs résultats de ventes.

Le Québécois est un être complexe, paradoxal. La société qu'il compose est actuellement en pleine ébullition, en pleine réflexion. Comme un peu partout d'ailleurs. Les interrogations sont nombreuses, les explications plutôt rares, souvent insatisfaisantes. À l'aube de changements sociaux majeurs, provoqués par la base ou parachutés par la classe politique, cette lecture plutôt tranchante se veut éclairante.

L'auteur n'a pu s'empêcher de se livrer à une certaine interprétation des innombrables résultats de recherches. De prendre position. Sinon, quel en aurait été l'intérêt? Certains n'aimeront pas toujours l'image que le miroir leur renverra, ou ne s'y retrouveront pas. Rappelons qu'il s'agit d'un portrait d'ensemble. Le principal souci aura été de ne pas travestir les données et de demeurer fidèle aux opinions et perceptions que les Québécois ont exprimées. Car en communication, il existe une vérité implacable: «La perception, c'est la réalité.»

LES 25 TRAITS

1
LA PERSONNALITÉ

Frappons un grand coup dès le départ. Comment décrire en deux mots les Québécois ? C'est simple : chialeux et chaleureux. Je n'invente rien. Les Québécois ont eux-mêmes répondu à la question qui était simple et, de surcroît, ouverte (voir les tableaux 1 et 2, en annexe). Aucune suggestion ne leur était proposée. Quelles sont, selon vous, les qualités et les défauts principaux des Québécois ? Du côté des défauts, le caractère chialeux ressort instantanément et domine très largement tous les autres. Pour ce qui est des qualités, l'aspect chaleureux se détache nettement du lot, quoique de façon moins tranchée que le caractère chialeux. Oh, bien sûr, en approfondissant un peu plus, on découvrira d'autres caractéristiques, mais les deux traits dominants ne font aucun doute. Particulier comme espèce. Comment arriver à se percevoir comme chialeux, mais quand même chaleureux, voire même sympathique ? Comment être une chose et son contraire à la fois ?

Voici donc le premier paradoxe québécois. Le côté chialeux suggère l'image d'un peuple sur la défensive, légèrement fermé, qui peine à s'adapter et pour qui la vie va parfois trop vite. Les Québécois font parfois penser à ces petits chiens, apeurés, mais qui ne cessent de japper pour convaincre du contraire. Après le hockey, le « chialage », représenterait-il le deuxième sport national des Québécois ? Tous les sujets semblent en effet constituer un terreau fertile à ce gentil déferlement de critiques bien souvent inoffensives. L'étiquette de « chaleureux et sympathique », quant à elle, nous renvoie l'image contraire. Elle est celle du bon vivant, sensible, accueillant, généreux et ouvert aux autres.

Les Québécois ne sont pas que des chialeux chaleureux et sympathiques. Ils sont également débrouillards et travaillants, toujours selon leurs dires. Deux caractéristiques qui réfèrent peut-être à un héritage historique que l'on aime perpétuer. La deuxième surtout. Les Québécois, comme le veut l'expression, ont toujours gagné leur pain à la sueur de leur front et en ont toujours été fiers. Un peu comme une marque de commerce.

Dès lors, on comprend mieux la vive réaction des Québécois lorsque l'ancien premier ministre Lucien Bouchard, l'un des signataires du manifeste « Pour un Québec lucide », affirmait, en 2006, que les Québécois ne travaillent pas assez. Et pour cause. Appelés à s'autoévaluer comme travailleurs, globalement, les Québécois, qu'ils soient *boss* ou employés, s'octroient une note moyenne de 8,27. Pas trop mauvais quand même, une note de 10 signifiant « excellent ». Alors, leur dire qu'ils sont paresseux représente un véritable coup en bas de la ceinture. Une atteinte à ce qu'ils considèrent comme une de leurs qualités. Une provocation presque, surtout lorsqu'on apprend que, de tous les vices définis par l'Église catholique, la paresse est l'un de ceux que les Québécois ont le plus en horreur (elle est presque sur un pied d'égalité avec l'avarice et la colère).

Les Québécois se disent peut-être débrouillards et travaillants, mais ils se considèrent aussi mous et complexés, ce qui n'est pas sans effriter leur confiance. Encore ce maudit héritage de « colonisés » qui remet au goût du jour le célèbre dicton « quand on est né pour un petit pain ». Il n'apporte pas que du bon, cet héritage. La mollesse avouée et le caractère complexé des Québécois traduisent un manque de confiance, corroboré par le fait que près du tiers d'entre eux avouent avoir peur d'échouer. Le célèbre précepte de Pythagore leur sied bien : « Dans le doute, abstiens-toi. » La peur, c'est bien connu, paralyse. Ainsi, seulement 9 % affirment toujours aller au bout de leurs idées, de leurs projets. Faut-il alors se surprendre que presque un Québécois sur deux ne croit pas que le Québec puisse devenir l'une, sinon la meilleure société au monde ?

Mais les choses changent rapidement. Le côté complexé disparaît progressivement, les moins de trente ans n'ayant absolument pas cette vision d'eux-mêmes. Ils n'ont rien à faire du passé judéo-chrétien de leurs aînés. Leur confiance leur ouvre toutes les portes, mais les fait aussi glisser un peu vers la paresse, qu'ils ne sont pas sans admettre d'ailleurs. Cette paresse dont les plus vieux ne pouvaient se permettre le luxe.

Mais l'analyse détaillée des Québécois nous en apprend bien davantage sur leur personnalité. Quand on fouille, on trouve. Les Québécois sont prudents, terriblement prudents. Pas sur les routes, mais dans leur tête et davantage encore dans leurs poches. Le courage et la confiance que demande l'audace, peu importe le domaine dans lequel elle s'exprime, sont souvent restreints par la peur et le conservatisme que commande la prudence. Rappelons que la prudence, par définition, place la sagesse et la retenue avant l'action et le comportement impulsif.

Cette attitude prudente éloigne d'ailleurs les Québécois de la marginalité qu'ils associent davantage à la précarité. Moins du quart d'entre eux affirment que leur personnalité possède un fort côté rebelle. La société québécoise est normée, c'est donc dire qu'elle régit et encadre les comportements. Les Québécois n'aiment pas sortir souvent de leur cadre, ou si peu (à peine 12 %). Ils recherchent plutôt le confort, 80 % avouant s'y complaire. Néanmoins, 34 % de ces derniers affirment du même souffle se sentir dépendants, voire prisonniers de ce confort acquis. Beau paradoxe encore une fois. Les Québécois préfèrent-ils sortir de leur cadre en se dépaysant quelques jours par année, en vacances ? Nettement moins angoissant.

Les Québécois se disent permissifs, rationnels, mais aussi rêveurs. Ils s'estiment de gauche dans une forte majorité. La valeur de cette étiquette s'en trouve par contre altérée du fait que bon nombre d'entre eux se disent incapables de se prononcer ou ignorent la réelle définition de l'une ou de l'autre de ces étiquettes politiques (« gauche », « centre » et « droite »).

En 1978, Jacques Bouchard soulignait l'habileté manuelle des Québécois comme l'une de leurs trente-six cordes sensibles. Eh bien, c'est fou comment les choses peuvent changer en trente ans ! Maintenant, les trois quarts des Québécois se qualifient d'intellectuels plutôt que de manuels. On perçoit derrière cet aveu un peu plus de désir que de réalité, mais quand même, c'est tout un revirement ! Avec si peu de manuels, on comprend mieux maintenant pourquoi ceux qui le sont n'ont plus de vie. Toujours sollicités pour réparer la porte de la belle-mère, pour donner un coup de main à un frère, à une sœur ou à l'amie de cette sœur. Les personnes manuelles n'arrêtent jamais. Elles sont en demande. C'est bien connu, la rareté augmente la valeur.

Parmi les étiquettes que les Québécois se donnent, celle de la personne « réservée et à son affaire » s'avère la plus populaire parmi les vingt-cinq soumises par l'IRB (voir le tableau 5, en annexe). Cela semble surprenant lorsqu'on connaît la propension des Québécois à se qualifier de bon vivant, mais conforme au volet un peu résigné et conventionnel qui caractérise leur personnalité. L'étiquette de «boute-en-train toujours positif» est en fait la troisième en importance. Elle est précédée, vous l'aurez deviné, de celle du «maudit bon gars».

Les Québécois aiment rire de toute évidence, sinon, comment expliquer que le sens de l'humour apparaisse au deuxième rang des qualités les plus recherchées chez l'autre? Les humoristes l'ont compris depuis longtemps déjà. D'ailleurs, parmi tous les types de spectacles, de la danse à l'opéra, de la chanson anglaise aux comédies musicales, les spectacles d'humour sont, et de très loin, les plus populaires. En fait, ils sont les spectacles préférés de plus d'un Québécois sur deux.

Les Québécois sont également épris de justice. Parmi les sept valeurs et vertus auxquelles ils s'identifient le plus, la justice arrive en tête de liste (voir le tableau 3, en annexe). Pourquoi? Parce qu'ils ont été trop longtemps la proie d'injustices? Mais quelles que soient les raisons, l'importance accordée à la justice est unanime, peu importe le trou de serrure par lequel on examine ce thème, l'angle par lequel on analyse les résultats. La justice trône au sommet, sans distinction parmi les différents groupes de la société. Des sept vertus, c'est de loin la plus valable aux yeux des Québécois. Ces derniers lui accordent une note de 8,28 sur une échelle de 10 alors que la persévérance, deuxième vertu en importance, affiche une note de 7,62.

L'importance accordée aux notions de justice et d'équité s'exprime de multiples façons. Ainsi, les Québécois considèrent les inégalités croissantes entre les riches et les pauvres comme la plus grande menace pesant sur nos sociétés. Cette menace récolte 49% des mentions, loin devant l'endettement mondial, les catastrophes naturelles, l'accroissement de la population mondiale et le terrorisme sous toutes ses formes.

Pour se convaincre de l'importance de la notion de justice pour les Québécois, il suffit de jeter un œil sur le palmarès des qualités les plus recherchées chez l'autre (voir le tableau 6, en annexe). L'honnêteté, élément sans lequel la justice ne fait plus aucun sens, est de très loin la qualité la plus primée et ce, peu importe le segment sociodémographique analysé. La femme y est encore plus sensible, probablement parce que plus sujette aux injustices, sinon, pourquoi se battraient-elles encore aujourd'hui pour des notions d'équité et d'égalité fondamentales?

On ne sait si, de Rome, Monseigneur Ouellet lira ce livre, mais s'il le fait, il apprendra, s'il ne le sait déjà, que la foi est en nette perdition chez les Québécois, qui lui attribuent une note de seulement 5,40 sur 10.

Mais la vie n'est pas composée que de vertus. Elle serait d'un ennui mortel, sinon. Les vices sont là pour nous la faire apprécier. Si les Québécois pardonnent d'emblée certains vices, ils en ont principalement trois en horreur (voir le tableau 4, en annexe). Sur les sept vices ou péchés capitaux établis par l'Église catholique, l'avarice arrive en premier. Ce n'est pas le spectre de Séraphin qui hante les Québécois, mais plutôt le fait que ce vice entre directement en contradiction avec la personnalité généreuse qu'ils s'attribuent. Pourtant, les Québécois sont parmi les Canadiens les plus chiches lorsque vient le temps de consentir à des dons d'argent à différents organismes philanthropiques. Ainsi, leur générosité légendaire se manifesterait plutôt à travers leur implication, leur don de soi. L'incroyable force du réseau communautaire québécois peut certainement représenter un témoin et constituer une preuve de cette générosité.

La colère est le deuxième vice que les Québécois ont le plus en aversion. Pour les sanguins chialeux que nous sommes, c'est nettement préférable ainsi. La paresse, décidément une fixation, représente le troisième vice que les Québécois abhorrent.

Pour conclure ce chapitre, disons que si le Québécois était un animal, c'est surtout un chat qu'il voudrait être.

2
LES SEXES

Ouf! Gros chapitre que celui du rapport entre les sexes. Heureusement qu'il n'y en a que deux. Comment résumer en quelques pages les relations qu'entretiennent les Québécois et les Québécoises? Qu'est-ce qui les distingue? Les caractérise?

Établissons dès le départ un grand principe. Les Québécois et Québécoises sont d'abord des hommes et des femmes et, en cela, affichent des différences fondamentales qui sont davantage inhérentes à leur sexe qu'à leur nationalité. Ce sont deux êtres profondément différents et ceux et celles (ils sont 15%) qui affirment que les différences entre hommes et femmes sont mineures et sans grande importance sont, à la lumière des prochaines pages, complètement dans le champ.

Ainsi, la moitié des Québécois qualifient plutôt ces différences entre hommes et femmes de majeures et fondamentales. Ce résultat explique à lui seul toute la complexité de la vie en couple, mais aussi toute sa richesse. Une relation où l'équilibre est toujours recherché. Une situation qui force l'introspection, l'écoute et la compréhension, et qui ne cesse d'évoluer.

Il restera toujours une zone de mystère, une facette incomprise, une entrée interdite dans les relations hommes/femmes. Ces relations ressemblent bien plus à un sentier tortueux qu'à une grande ligne droite. Rien n'est figé et convenu, rien n'est complètement garanti, rien n'est vraiment prévisible. C'est ce qui rend ces relations à la fois si riches et si complexes et, souvent, si difficiles et tumultueuses – mais ô combien passionnantes! D'ailleurs, la vaste majorité des Québécois affirment que les relations entre hommes et femmes demandent, pour réussir, une forte dose d'efforts et de bonne volonté. Évidemment, pour mieux comprendre l'autre, il serait plus simple de se glisser dans sa peau l'espace de vingt-quatre heures. Mais même si cette métamorphose ponctuelle était possible, une minorité (39%) accepterait de tenter l'expérience. Les Québécois manqueraient-ils de curiosité? Seraient-ils conformistes? Et pourtant, il s'agirait sans doute de l'une des expériences les plus enrichissantes qu'on puisse imaginer...

Se perçoivent-ils, en 2012, l'égal de l'autre? Oui et non. Oui en ce qui concerne l'adhésion au principe, la presque totalité affirmant que les deux sexes sont égaux. Non pour ce qui est de l'application de ce principe. Ainsi, le quart des Québécois considèrent que la société d'aujourd'hui favorise davantage les femmes alors qu'un tiers pensent le contraire. Et le fossé se creuse au fur et à mesure que l'on s'enfonce dans le débat. Les hommes sont nettement plus nombreux à penser que la société favorise davantage les femmes. Ces dernières sont tout aussi solidaires et nombreuses à affirmer, au contraire, que ce sont les hommes qui sont favorisés par l'actuelle société. En matière d'égalité, d'équité et de discrimination entre les sexes, les Québécois ont certainement fait du chemin, mais, manifestement, il en reste encore à faire.

Les relations hommes/femmes constituent probablement le sujet le plus fouillé par l'IRB (Indice relatif de bonheur) depuis sa fondation. Il en ressort un premier grand constat: les Québécoises s'estiment plus heureuses que les Québécois. Eh oui! Désolé, messieurs. Pas de beaucoup, deux ou trois points sur une note de 100, mais cet écart est systématique.

Un parcours sans faute. Sur quarante enquêtes menées en cinq ans, les femmes, systématiquement, ont évalué leur niveau de bonheur plus élevé que ne l'ont fait les hommes pour eux-mêmes.

Comment l'expliquer? Les hommes souvent se défendent, mi-blagueurs, mi-sérieux, en affirmant que c'est parce qu'ils comblent ces dames! De nombreuses femmes s'étoufferaient dans leur tasse de café en entendant pareil argument. Il serait plus à propos de penser qu'elles s'estiment plus heureuses parce qu'elles sont plus souvent proches de leurs émotions, de leurs sentiments. De façon générale, elles démontrent une plus grande ouverture, communiquent mieux et recherchent le bien-être avant le pouvoir.

Peut-être aussi faut-il chercher dans ce qui fait leurs différences pour comprendre cet écart dans l'évaluation de leur niveau de bonheur. Au fil des centaines de questions posées, l'auteur a identifié dix éléments sur lesquels les Québécoises et les Québécois se distinguent les uns par rapport aux autres:

1 **L'empathie.** Les Québécoises auraient davantage la capacité de s'intéresser, de s'émouvoir et de s'inquiéter de tout ce qui touche l'être humain, la personne. Plus sensibles, elles seraient également plus tourmentées et préoccupées. Ainsi, sur douze préoccupations soumises allant des problèmes de la faim dans le monde aux inégalités sociales ou à l'intolérance, les femmes se sont montrées systématiquement plus préoccupées que les hommes par les questions qui touchaient l'être humain et sa condition.

2 **Le pouvoir.** Les hommes sont des êtres de pouvoir. Ce dernier les attire, désireux qu'ils sont de régner. Parmi les mêmes douze préoccupations soumises aux femmes et aux hommes, les Québécois se sont montrés davantage interpellés que les femmes par les trois seules qui se rapportaient

à des notions de pouvoir et qui n'avaient aucune incidence directe sur le bien-être immédiat de la population. Il s'agissait de la qualité de nos dirigeants politiques, le rôle des médias dans la société et l'unité du Canada tel qu'on le connaît. Et comme « l'information, c'est le pouvoir », il est normal de constater que les Québécois sont deux fois plus nombreux que les Québécoises à se considérer comme étant « plutôt bien informés » sur ce qui se passe ici comme ailleurs.

Ainsi, les hommes sont quatre fois plus nombreux que les femmes à se dire intéressés à se lancer dans une carrière active en politique. D'ailleurs, le souhait largement répandu de voir une meilleure représentativité des Québécoises dans l'arène politique se trouve en partie freiné par le manque d'intérêt de celles-ci pour la politique dans son sens le plus large. Cet attrait du pouvoir et cet intérêt pour les questions publiques et politiques se reflètent évidemment dans l'importance d'aller voter. Ce devoir citoyen est nettement plus marqué chez les hommes et se traduit par une implication politique plus sentie.

L'implication des femmes s'exprime davantage en dehors de la brutale arène politique. Ainsi, elles sont nettement plus nombreuses que les hommes à s'intéresser aux différents organismes de défense des droits et à souhaiter s'y engager bénévolement. Cette forme d'implication s'avère plus compatible avec leur nature profonde et leur permet d'agir à l'arrière-scène plutôt qu'à l'avant-scène et de se soustraire ainsi aux critiques acerbes.

3 **L'engagement**. Il n'y a qu'en politique et dans le sport que les femmes québécoises sont moins engagées que les hommes. Partout ailleurs, c'est le contraire. Cette plus grande volonté qu'ont les femmes de s'engager découle sans doute à la fois de leur générosité, de leur sensibilité, de leur recherche de bien-être, de leur volonté de faire plaisir,

de leur perfectionnisme et, par débordement, de leur plus grand sentiment de culpabilité. Cet engagement se traduit autant dans leur couple qu'auprès de leur famille immédiate ou de celle plus élargie, de leurs amies, de leurs collègues de travail, des groupes de défense dans lesquels elles militent et de toutes les personnes qui composent leur univers.

4 L'optimisme. Si les Québécoises se révèlent plus empathiques et préoccupées, elles apparaissent aussi plus fatalistes, alors que les hommes se montrent plus positifs et optimistes. Devant les grands enjeux, ces derniers sont plus portés vers les solutions et les actions alors que les femmes hésitent. Qu'il s'agisse des problèmes environnementaux, de la paix sur la terre, de la faim dans le monde, de la violence sociale ou des tensions raciales, les hommes, systématiquement, affichent un plus grand optimisme quant aux capacités de la société de trouver des solutions à chacun des problèmes. Ils abordent l'avenir avec plus de confiance et se sentent plus utiles face aux grands enjeux sociaux.

Le côté plus cartésien et rationnel des hommes québécois leur permet d'aborder les problèmes de façon plus méthodique. Plus terre à terre, ils sont tournés vers les solutions rapides. Un trou, une cheville. Les femmes s'interrogent, remettent les choses en question et cherchent d'abord l'approbation des autres. On pourrait schématiser les différences ainsi :

Hommes : Réflexion/solution/action
Femmes : Émotion/discussion/approbation

5 La communication. Les Québécoises ont besoin d'échanger, de communiquer. Plus sensibles, plus proches de leurs émotions et de leurs sentiments, quoi de plus normal pour elles que de les exprimer, d'échanger sur tout ce qui les touche et les concerne. C'est peut-être ce qui explique, du moins en partie, qu'il est plus important pour les femmes que pour les hommes de bénéficier d'un réseau d'amies fidèles et d'avoir une vie sociale active. Les « soirées de filles » en sont l'expression la plus tangible. Évidemment, les « soirées de gars » existent, mais elles semblent plus souvent justifiées par un prétexte comme le sport, qui prend alors toute la place et occulte parfois les vraies discussions.

6 L'audace. Est-ce attribuable à leur sens des affaires, à leur tempérament ou à leur goût du risque ? Quoi qu'il en soit, les Québécois font preuve de plus d'audace et démontrent plus de confiance en eux. Ils affichent une plus grande autonomie que les femmes qui, elles, démontrent un certain conservatisme.

Cette propension autonomiste des hommes québécois les fait pencher davantage à droite, sur le plan politique, que les femmes. Ils se montrent davantage enclins à souhaiter diminuer les impôts, quitte à recevoir moins de services de l'État en retour. Ils se disent aussi plus favorables à ce que les systèmes publics de santé et d'éducation migrent vers le privé et plus nombreux à croire que les syndicats sont devenus des boulets qui empêchent la société d'avancer.

Les femmes, quant à elles, préfèrent garder leurs acquis, ne pas les risquer au profit d'un gain potentiel. Peut-être par manque de confiance en elles ? Ou encore en raison d'une certaine forme avouée d'insécurité ? Elles démontrent, à n'en pas douter, plus de méfiance et de scepticisme que les hommes. Ces derniers ont souvent « la pédale au fond » alors que les femmes l'ont plutôt sur le frein.

7 La spiritualité. Les Québécoises affichent une plus grande spiritualité que les Québécois et accordent à cet élément une plus grande place dans leur vie. Elles ont besoin de croire, de s'accrocher à certaines valeurs qui s'apparentent à la foi. Elles sont plus nombreuses à croire en Dieu que les hommes, à pratiquer les différentes techniques de méditation et de concentration mentale, à lire des livres sur la croissance personnelle et à croire en l'astrologie. Elles sont aussi moins nombreuses à penser que la mort est une fin sans appel. Pour les Québécoises, il semble que les choses ne peuvent tout simplement pas s'arrêter comme ça. Il doit y avoir une suite, une ouverture, une fenêtre.

8 La frivolité. Oui, les hommes sont plus volages. Encore aujourd'hui. Ils sont plus nombreux à avouer avoir trompé leur conjointe, mais cet écart n'est cependant pas à la hauteur des perceptions. Car si 31 % des hommes s'en confessent, les femmes sont tout de même 22 % à les imiter. Ils ont aussi eu plus de partenaires sexuels. Les chiffres sont précis. Une moyenne de 11,8 pour les Québécois et de 8,5 pour les Québécoises. On ne parle quand même pas ici d'un rapport du simple au double. Enfin, les hommes sont nettement plus nombreux à croire qu'il est possible d'aimer deux femmes à la fois – que les femmes, deux hommes à la fois. Excuse facile ou particularité génétique?

9 Le contrôle. Les Québécoises aiment gérer, le couple entre autres. Les «Gèremène», vous en connaissez? Sûrement une ou deux, car la moitié des Québécoises s'accordent à dire qu'elles ont parfois ou souvent tendance à vouloir changer les hommes plutôt que de les accepter tels qu'ils sont. La frivolité des uns serait-elle alors provoquée par le besoin de contrôler des autres? Les données de l'IRB donnent à penser que dans le couple, les femmes aiment que les choses soient faites à leur façon. Perfectionnistes, tatillonnes, elles disent avoir tendance à trop vouloir en faire, à trop en demander et à trop vouloir tout contrôler.

10 La passion. C'est connu, on garde toujours le dessert pour la fin et la passion, c'est un peu le dessert de la vie, celui qui la rend si fascinante. Les Québécoises sont des êtres très passionnés. Même les hommes l'admettent d'emblée. Elles cherchent les occasions de le manifester et de partager un moment privilégié avec celui qu'elles aiment. Très souvent, cette passion les guide. Alors que seulement 15 % des femmes accepteraient de maintenir une relation de couple qui bat de l'aile plutôt que d'affronter le célibat, cette proportion grimpe à 25 % chez les hommes. Ainsi, les femmes supporteraient moins les situations sentimentales certes confortables mais sans passion.

C'est d'ailleurs la grande proximité qu'elles entretiennent face à leurs sentiments qui fait des Québécoises les êtres passionnés qu'elles sont. Mais attention, les choses ont changé, évolué. Bienvenue dans les années 2010. Aussi passionnées qu'elles puissent l'être, les femmes se montrent cependant plus détachées et indépendantes que les hommes, car elles sont plus nombreuses que ces derniers à affirmer pouvoir être pleinement heureuses sans l'amour d'un homme.

Et l'indépendance des Québécoises, malgré la passion qui les définit, leur donne un net avantage sur les hommes, parce que cette passion ne se résume pas qu'au sexe. Elles s'en sont davantage affranchies que les hommes. Ajoutons que la moitié des femmes affirment pouvoir être pleinement heureuses sans avoir une vie sexuelle satisfaisante alors que cette proportion chute au tiers chez les hommes. Ainsi, malgré la passion qui définit les Québécoises, celle-ci ne se résume pas qu'au sexe. Elles y sont moins accros que les hommes, ce qui contribue à leur sentiment d'indépendance.

Il existe bien deux autres solitudes. Les différences entre les Québécois et les Québécoises démontrent bien la difficulté, voire l'impossibilité de vivre ensemble sans un minimum de compréhension mutuelle concernant la nature de chacun des deux sexes. Aussi, une nécessaire ouverture aux compromis et à l'acceptation de ces différences paraît être le plus simple dénominateur commun pour vivre ensemble. On s'en doutait bien. Les Québécoises sont davantage des êtres de passion. Les Québécois, plutôt des êtres de raison.

3
L'AMOUR ET LE SEXE

Ah, l'amour ! Ce sentiment aussi précieux que capricieux. Cet essai ne sera pas le premier à s'y attaquer et à expliquer comment ce sentiment et les relations qu'il crée s'expriment chez les Québécois. Il est difficile de parler d'amour sans entrer dans la chambre à coucher de ces derniers. Le voyeur qu'est l'IRB, avouons-le, s'est fait plaisir et s'est rincé l'œil plusieurs fois. Statistiquement, on s'entend.

Commençons par le commencement et suivons les étapes normales d'une relation. Tout débute par la séduction et la séduction débute elle-même souvent par l'attirance physique. Personne ne sera donc surpris d'apprendre que la moitié des Québécois considèrent impossible qu'il y ait de l'amour sans attirance physique et sexuelle. La donnée surprenante est à l'opposé, alors que 45 % sont d'avis que l'amour peut exister sans attirance physique. Afin d'en ajouter davantage et de confondre un peu plus les sceptiques, retenons que pour le tiers des Québécois, la chimie sexuelle n'est pas une composante essentielle de leur définition de l'amour véritable, l'amour avec un grand A. Évidemment, il existe des variations importantes selon l'âge, mais ces données ne sont pas sans bousculer un peu les idées et la vision de l'amour, tant celui du début – la bulle des premiers mois d'une relation – que celui qui dure et perdure. La société, par l'entremise de ses médias, sérieux ou non, n'envoie pas cette image et impose plutôt une sorte de *pattern* de la séduction où l'attirance physique et sexuelle occupe toute la place.

Cette attirance physique et sexuelle, pour les Québécois, ne serait donc pas une obligation, mais un très sérieux préalable. En fait, l'attirance physique semble agir de la même façon que la passion. On la veut forte, intense, dévorante, mais on s'ajuste et s'accommode si la réalité n'est pas à la hauteur de nos désirs. Ainsi, moins de la moitié des Québécois considèrent la passion comme essentielle et obligatoire dans une relation sentimentale. La passion, les Québécois la souhaitent et la recherchent, mais ils peuvent s'en passer. Pour la majorité d'entre eux, elle agit comme une immense valeur ajoutée.

Plusieurs seront surpris d'apprendre que près des deux tiers des Québécois avouent rechercher surtout le confort et la stabilité dans leur vie sentimentale, alors que le tiers seulement recherchent la passion avant tout. Dans ce contexte, il est peu surprenant d'apprendre qu'à peine 40 % des Québécois admettent que leur vie est d'abord et avant tout guidée par l'amour ou la recherche d'amour. Cette fameuse passion, les Québécois en parlent plus qu'ils la vivent. Comme mentionné précédemment, la réalité projetée par les différentes plates-formes d'information diffère souvent de celle vécue réellement.

En fait, l'amour semble constamment idéalisé. L'amour véritable, celui où son conjoint devient son *alter ego* ou son âme sœur ne constitue pas la norme. Pourtant, deux Québécois sur trois affirment avoir déjà vécu un amour inconditionnel, un amour presque parfait. Néanmoins, 40 % de ces derniers avouent l'avoir perdu et l'espoir de le revivre un jour diminue avec l'âge.

Évidemment, une vaste majorité des Québécois recherchent l'amour véritable, celui où la complicité est totale et dans lequel chacun devient en quelque sorte le prolongement de l'autre. Mais les Québécois savent aussi que les probabilités de le trouver sont minces. Normal alors qu'ils soient plus nombreux à penser qu'il est quand même possible d'aimer sans qu'il y ait cette chimie particulière. Deux sortes d'amour. Un grand et un petit. Un que l'on souhaite, l'autre que l'on accepte, qui fait l'affaire.

Il existe aussi une donnée importante qui justifie les réponses précédentes. La solitude. Cette mal-aimée de la société pèse lourd dans la qualité ou l'intensité des relations sentimentales. Comme une tare qui colle à la peau, comme un handicap qui nous exclut d'une société qui n'a que faire des personnes seules, la peur de la solitude rend les compromis nettement plus faciles dans les relations sentimentales des Québécois. La popularité des réseaux de rencontres en est une belle preuve. Ainsi, le tiers des Québécois avouent avoir déjà utilisé, à un moment ou un autre, ces dits réseaux. Cette proportion grimpe à plus de 50 % chez les personnes qui vivent seules et aux deux tiers chez les familles monoparentales. C'est simple : on ne veut pas être seul ! Pour plusieurs, l'évitement de cette solitude n'a pas de prix ; on fera tout pour ne pas être seul, même vivre une situation de couple plus ou moins satisfaisante. On entend souvent : « L'être humain n'est pas fait pour vivre seul. » Possible, mais si ce statut était valorisé au lieu d'être constamment associé à l'exclusion, à la misère et même parfois au malheur, peut-être la perception changerait-elle ?

Les réseaux de rencontres n'ont donc pas à craindre pour leur avenir. Comme les différents réseaux sociaux, ils font maintenant partie du paysage social. Les préjugés qu'entretenaient les Québécois à leur égard s'estompent. Ils sont de moins en moins nombreux à regarder ces réseaux de haut, à se permettre de juger ceux et celles qui s'y inscrivent, à considérer leur utilisation comme un geste désespéré.

La séduction passée, la passion consommée, comment alors se porte le couple québécois ? Plus ou moins bien si on se fie aux taux de divorces et de séparations. Un sur deux ne survit pas à l'épreuve du temps et de la fidélité. L'infidélité, si elle s'avère plus fréquente chez l'homme, est loin de lui être exclusive. Ainsi, 51 % des hommes québécois ont eu l'intention de tromper leur conjointe et 31 % avouent l'avoir réellement fait. Chez la femme, ces proportions passent de 38 % à l'intention et à 22 % dans les faits. En espérant que ces données vous informent davantage qu'elles ne vous inquiètent...

En fait, dans les relations de couple des Québécois, l'amoureux du début se transforme en conjoint et la définition de conjoint est bien loin de celle de l'amoureux. Imaginez : seulement 7 % des Québécois considèrent leur conjoint d'abord comme un amant. Un conjoint, pour les trois quarts de la population québécoise, c'est d'abord un partenaire ou un ami. La dimension amoureuse et/ou sexuelle derrière la notion de conjoint est donc atrophiée et réduite souvent à un strict minimum nécessaire. Faut bien arroser les plantes de temps à autre si on ne veut pas qu'elles meurent.

Tranquillement, inexorablement, la relation de couple semble glisser vers une forme d'amitié. Elle dure et perdure comme une bonne soudure, ou se rompt à l'usure. Et vous pensez peut-être que le sexe représente la principale raison de cette rupture ? Grossière erreur. Il ne constitue qu'un motif de deuxième, voire même de troisième ordre. Ainsi, la facilité et/ou le manque de courage d'affronter et de surmonter les difficultés ainsi que le manque de communication sont les deux principales raisons invoquées par les Québécois pour justifier la rupture de leur couple ou de leur mariage. Ces raisons, toutes deux axées sur des lacunes de communication, accaparent les trois quarts des mentions. Les Québécois parlent beaucoup, mais communiquent peu. Parler pour remplir un vide et gagner du temps, parler pour ne rien dire et se défiler, parler pour masquer la vérité semble être un trait de caractère des Québécois souvent remarqué.

Cela ne veut pas dire que la notion de sexe n'est pas importante dans un couple, mais elle n'est pas vitale. Seulement 15 % des Québécois se montrent radicaux et affirment que la piètre qualité et la rareté des relations sexuelles avec leur conjoint représentent une raison majeure de mettre fin à leur relation. Pour un peu plus du tiers, cette lacune s'avère déplorable et peut mener éventuellement à une rupture. Mais pour bien saisir les limites des relations sexuelles, il faut savoir que plus de 80 % des Québécois pensent qu'une très bonne entente sexuelle ne peut compenser à long terme le manque d'amour véritable. Les relations sexuelles agissent à la manière d'un simple *band aid*.

Les données et les statistiques sont froides, mais implacables. Tout se tient. La passion et la bonne entente sexuelle sont fortement recherchées, mais agissent toutes deux comme des valeurs ajoutées ; d'où l'importance, en contrepartie, qu'occupent le confort et la stabilité dans une relation sentimentale. À défaut des premières, on se satisfait des deuxièmes. L'analyse des relations sexuelles des Québécois nous fournira quelques preuves additionnelles de cette interprétation.

Pinocchio, vous connaissez ? Celui dont le nez allonge au fur et à mesure qu'il ment ? Alors, surveillez bien celui de vos voisins et amis lorsque vous aborderez la question des relations sexuelles. Les Québécoises et les Québécois, s'ils ne sont pas champions, sont sûrement les plus grands aspirants au titre de « grands parleurs, petits faiseurs ».

Concernant la fréquence des relations sexuelles souhaitée et la fréquence avouée, la plupart des Québécois prennent leurs désirs pour des réalités. En fait, il faut diviser cette fréquence souhaitée par deux pour obtenir la fréquence réelle. Alors que 60 % des Québécois souhaiteraient avoir des relations sexuelles deux fois et plus par semaine, c'est à peine la moitié de ces derniers qui carburent à cette fréquence. De plus, la moitié des couples québécois n'auraient des relations sexuelles qu'une fois (ou moins) par semaine alors que cette fréquence ne correspond au souhait que du quart d'entre eux.

Le sexe, c'est comme la passion. On en parle beaucoup plus qu'on en a. Un plus un égale deux, n'est-ce pas? On comprend mieux maintenant pourquoi la détérioration des rapports sexuels dans le couple soit si peu déterminante dans la décision de mettre fin à cette relation.

Les Québécois sont-ils de bons amants et de bonnes maîtresses? Tout est relatif. Un peu moins de la moitié des Québécois s'estiment satisfaits de leurs rapports sexuels avec leur conjoint. Alors, résumons. Les Québécois font l'amour deux fois moins souvent qu'ils le souhaiteraient et un sur deux se dit satisfait lorsque cet événement se produit. Traduit dans une grille d'évaluation scolaire, les Québécois couleraient leur examen.

Mais le sexe demeure au cœur de la vie des Québécois et alimente leurs conversations. Les médias s'en chargent assez bien d'ailleurs. Cette hypersexualisation de la société banalise certes les rapports sexuels, mais leur enlève aussi une couche de tabous qui leur étaient associés il y a quelques décennies encore. Les Québécois ont-ils basculé dans l'autre extrême? Possible. Ainsi, le nombre de partenaires sexuels de ces derniers augmente à la vitesse Grand V. On dit qu'un exemple vaut mille mots. En voici deux.

Alors que le nombre moyen de partenaires sexuels qu'ont eus les Québécois plus âgés (55-64 ans) est de 9,9, cette même moyenne se situe déjà à 7,8 pour les plus jeunes (18-24 ans).

Combien d'autres partenaires s'ajouteront dans les quarante prochaines années de leur vie? Autres temps, autres mœurs. Le même phénomène prévaut pour l'âge de la première relation sexuelle. De 19,7 ans qu'il était pour les personnes plus âgées, cet âge est maintenant descendu à 16,5 ans pour les plus jeunes. Le tiers des 18-24 ans ont eu cette première relation à 15 ans ou moins et cette proportion est nettement plus élevée chez les filles. Cette baisse de l'âge moyen pour la première relation sexuelle est constante au Québec. Depuis les trois dernières décennies, cette moyenne diminue précisément de 0,5 an par décennie. On imagine et on espère que le plancher sera bientôt atteint.

Mais l'IRB est allé un cran plus loin dans l'analyse des relations sexuelles des Québécois. Il a cherché à les décortiquer. Le voyeurisme n'a souvent pas de limite. Des relations sexuelles à l'orgasme, il n'y a qu'un pas à franchir. Les curés disaient, au milieu du siècle dernier: «Il est grand, le mystère de la foi.» La religion, l'Église et les curés ont été virés et ce précepte, en 2012, pourrait bien être remplacé par: «Ils sont grands, les mystères de l'orgasme.»

Sujet un peu tabou, on en entend de toutes sortes autour de ce point culminant des relations sexuelles. Et ce qu'on apprend, c'est que près de la moitié des Québécoises feignent l'orgasme. De ce nombre, quelques-unes le font souvent; la plupart des autres, occasionnellement. Messieurs, ce n'est donc pas une légende urbaine, mais une réalité: beaucoup d'hommes n'y voient que du feu et ne réalisent pas que leur partenaire leur joue la comédie. D'un point de vue purement masculin, cette donnée n'est pas vraiment avantageuse et ne propulse pas les Québécois au sommet mondial des amants parfaits.

Mais il faut se consoler et s'encourager. Une courte majorité de femmes avouent avoir souvent des orgasmes lors de leurs relations sexuelles. La donnée ne dit toutefois pas s'il est autoadministré ou non.

Difficile de parler d'orgasme sans aborder l'excitation préalable. Au Québec, l'industrie érotique devrait se porter assez bien, car la moitié des Québécois affirment utiliser, souvent ou occasionnellement, des clips, vidéos ou des revues érotiques pour stimuler leur excitation. Cette proportion passe presque du simple au double chez les hommes. Quant à la lingerie érotique, une femme sur deux avoue en porter occasionnellement.

Les « baises » dans différents endroits publics ou insolites sont aussi des moyens de provoquer l'excitation, et les Québécois ne s'en privent pas. À ce chapitre, la voiture demeure un grand classique. Si vous l'avez déjà fait, vous appartenez à la majorité (65 %). Quant à l'amour à trois ou quatre partenaires, 20 % des Québécois disent l'avoir déjà expérimenté.

Mais qu'est-ce que l'amour, pour les Québécois ? Eh bien, c'est d'abord la tendresse et l'affection. Le sexe est important, mais accessoire, complémentaire. Est-ce différent pour les hommes et les femmes ? Légèrement. On ne peut dénaturer les sexes. D'ailleurs, la majorité des Québécois, hommes comme femmes, trouvent qu'il y a du vrai dans l'affirmation suivante : « Les hommes donnent de l'amour pour avoir du sexe alors que les femmes donnent du sexe pour avoir de l'amour. »

Peut-être comprenez-vous mieux pourquoi l'amour n'occupe que le sixième rang parmi les vingt-quatre facteurs d'influence du bonheur… juste après l'argent (voir le tableau 7, en annexe). Plusieurs s'en offusquent, les femmes principalement, mais l'amour est un sentiment qu'on ne contrôle pas, un sentiment qui nous échappe et dont les contrecoups sont souvent dévastateurs. Plus du quart de la population admet d'ailleurs ressentir une forme de méfiance face à l'amour et aux conséquences liées aux ruptures déchirantes. C'est probablement l'une des raisons pour lesquelles 40 % des Québécois croient quand même possible d'être pleinement heureux sans l'amour d'un homme ou d'une femme. Ce qui ne les empêche pas de le rechercher, car la valeur de l'amour n'a souvent pas de prix. À choisir, les Québécois sont catégoriques et fortement majoritaires (84 %) à préférer vivre plus modestement, mais en ressentant un amour véritable, que plus richement, mais sans ressentir cet amour véritable... Et les femmes, ces passionnées, sont encore plus affirmatives que les hommes à ce sujet.

4
LA SANTÉ

La santé ? Que ferait-on sans ? Deuxième facteur d'influence du bonheur des Québécois sur les vingt-quatre recensés, la santé, comme toute chose, prend davantage de valeur lorsqu'elle est menacée, fragilisée. Avant, on la tient trop souvent pour acquise. Alors, quel est l'état de santé des Québécois ? Comment se comportent-ils face à différents éléments déterminants qui l'encadrent et la caractérisent ? Ont-ils de bonnes habitudes de vie ? Et la maladie, quel est son visage ?

Si l'on se fie à l'autoévaluation que chacun fait de son état, les Québécois seraient en santé. Appelés à évaluer leur santé sur une échelle de dix, ils lui donnent une note moyenne de 8,21. Difficile de comparer avec d'autres sociétés, mais, d'expérience de sondeur, les autoévaluations supérieures à une note de 8 s'avèrent généralement très satisfaisantes. D'ailleurs, cette note ne faiblit que très peu selon l'âge. Ce qui est plus encourageant encore, c'est l'amélioration de cet état. Les Québécois sont nettement plus nombreux à considérer que leur état de santé s'est amélioré dans la dernière année plutôt que détérioré. Est-ce le fruit du hasard, de l'évolution des soins médicaux, des nombreuses campagnes de promotion ou de l'ensemble de ces circonstances ? Quoi qu'il en soit, on sent depuis quelques années une certaine prise en charge de sa santé personnelle. Rien n'est parfait, mais c'est nettement mieux.

Chose certaine, les Québécois aiment rendre visite à leur médecin. Les femmes encore davantage, ce qui s'avère assez compréhensible. Près de trois Québécois sur quatre ont visité un médecin dans la dernière année et le tiers plus de deux fois. Y a-t-il abus? Probablement pas. Et si le gouvernement exigeait 20 $ ou 10 $ pour chacune de ces visites? C'est en fait une proposition soumise par l'IRB, hypothétique bien sûr, mais pour laquelle les deux tiers des Québécois se montreraient favorables. Et malgré les histoires d'horreur diffusées dans les médias concernant la difficulté de consulter un médecin, la très vaste majorité des Québécois (81 %) affirment que ce rendez-vous n'a pas été trop difficile à prendre, ni long à obtenir. Certes, les 19 % pour qui la prise de ce rendez-vous s'est avérée longue et difficile représentent 19 % de trop. Toutefois, cette proportion ne semble pas constituer la norme, quoi qu'en disent les médias.

Lorsqu'on parle de santé, il y a toujours place à des améliorations. Plusieurs d'entre elles prennent d'ailleurs leur source dans les activités quotidiennes des Québécois. Au premier rang, les habitudes alimentaires. Celles-ci sont identifiées à la fois comme principale lacune et principal moyen d'améliorer leur santé. Cet élément est d'autant plus important qu'il est possible, contrairement à plusieurs autres, de le contrôler et d'agir directement pour le corriger. Les discours et les campagnes d'information pour mousser de meilleures habitudes alimentaires sont certes entendus, mais jusqu'à quel point sont-ils écoutés?

Les Québécois semblent toujours être à la course. Jamais le temps pour ci, jamais le temps pour ça. Moins de la moitié d'entre eux font de leur déjeuner une religion et n'en sautent jamais un. Ce repas essentiel est trop souvent escamoté. Le même phénomène se produit pour les soupers, car le tiers des Québécois avouent ne se préparer de bons soupers que deux fois ou moins par semaine. Le temps manque, l'énergie pour le faire aussi, et la facilité est là, qui les guette, et leur tend la main. Pourtant, les repas sont de beaux moments pour relaxer, échanger, communiquer et s'intéresser à ce qui se passe dans la vie de ceux et celles qui nous entourent et, pourquoi pas, prendre un verre. Mais attention! Gare aux abus. Le tiers des Québécois consomment de l'alcool plus de quatre fois par semaine et un certain nombre tous les jours, ce qui, dans le cas de ces derniers, n'est sûrement pas considéré comme une saine habitude de vie.

Et pour confirmer que l'alimentation se situe à la fois au cœur des problèmes de santé des Québécois et au centre des solutions, 60 % d'entre eux avouent s'alimenter mal ou plus ou moins bien. On perçoit derrière ce résultat toute l'ampleur du phénomène. Questionnés sur les habitudes de vie qu'ils souhaiteraient changer, celles tournant autour de l'alimentation trônaient bien au sommet de la liste des Québécois.

Quant au manque de temps évoqué plus tôt, ce sacripant serait même un des éléments clés affectant l'état de santé des Québécois. La moitié d'entre eux affirment en effet être incapables de s'offrir une fenêtre de temps rien que pour eux. Cet élément hypothéquerait leur état de santé et représenterait même un sérieux frein à son amélioration. À n'en pas douter, la société moderne impose un rythme essoufflant et c'est surtout sur la santé que rejaillit cet essoufflement.

Cette situation profite aux «fast-foods», deux Québécois sur trois les fréquentent sur une base régulière ou occasionnelle. Et les kilos s'accumulent. L'obésité, on le sait depuis longtemps, n'est pas qu'une problématique étasunienne, elle est aussi québécoise. Évidemment, on peut toujours se consoler en se comparant à nos voisins du sud, mais au Québec, ce n'est qu'une personne sur quatre qui affirme n'avoir aucun kilo à perdre et prétend afficher un poids santé. C'est tout dire. Donc trois Québécois sur quatre considèrent qu'ils ont un peu, moyennement ou beaucoup de poids à perdre. Peut-être sont-ils sévères envers eux-mêmes, mais leur perception constitue leur réalité. Pas surprenant qu'une forte majorité de répondants considère l'obésité comme un problème de santé majeur au Québec. Et les femmes sont deux fois plus nombreuses que les hommes à considérer avoir passablement de poids à perdre. Est-ce relié aux normes sociales, aux exigences de l'industrie de la mode, ou à la sévérité du regard qu'elles portent sur elles ?

Mais la santé n'est pas qu'une affaire d'alimentation. C'est un tout. Au Québec, la sédentarité représente la deuxième lacune en importance. Et comme pour l'alimentation, il est tout à fait possible d'agir pour contrer la sédentarité. Si les Québécois s'estiment en relative bonne santé, on ne peut pas en dire autant de leur forme physique. Leur évaluation, toujours sur une échelle de dix, n'atteint qu'une note moyenne de 7,42, une note tout de même en hausse par rapport à 2007. Ni mauvais, ni bon.

Cette note indique bien que la préoccupation des Québécois pour leur forme physique n'est pas aussi sentie que celle concernant leur santé. Elle semble secondaire et donne à penser qu'ils peuvent s'en passer. Il y a pourtant autant de Québécois qui se qualifient d'actifs que de Québécois qui se qualifient de passifs. Mais le fait de se considérer comme actif ne constitue pas une garantie que la personne s'adonne à des activités sur une base régulière. Pour le prouver, rappelons que huit Québécois sur dix avouent ne pas faire suffisamment d'exercice. Cette proportion est énorme et démontre l'étendue des dommages liés à la sédentarité et l'inclinaison de la côte à gravir.

Dans la liste des habitudes de vie que les Québécois souhaiteraient améliorer, la pratique régulière d'une activité physique occupe le deuxième rang. Or, saine alimentation et exercice physique vont souvent de pair. Ils forment un tandem explosif lorsqu'ils font bon ménage, mais un duo implosif, lorsqu'ils sont négligés.

L'IRB a demandé aux Québécois d'identifier les éléments qui constituent pour eux un frein à la pratique d'activités physiques. Le manque de discipline arrive en tête de liste; le manque de temps (encore lui!), tout juste après. Arrive ensuite la paresse, d'où le nécessaire coup de pied au derrière que chacun doit s'administrer pour s'activer le popotin. Rien de nouveau et de bien surprenant, mais ce sont trois éléments qu'il est possible de contrôler, sur lesquels chacun peut intervenir. Encore faut-il accorder la priorité à l'activité physique et se conditionner, sinon, point de salut. Mais lorsqu'on parle d'activité physique, rien n'est facile. Car malgré toute la bonne volonté du monde, la projection de bien-être et de satisfaction suivant une activité physique ou un entraînement n'arrive pas toujours à générer la poussée dans le dos nécessaire pour s'activer…

Mais la santé, en quelque sorte, est aussi définie par la maladie. Et la maladie au Québec a un visage. Les chiffres de l'IRB correspondent à ceux des institutions officielles et gouvernementales. Les plus pauvres, les moins scolarisés et particulièrement les femmes sont les groupes qui s'avouent les plus souvent malades. Pour les femmes, les données sont accablantes: plus souvent malades, plus nombreuses à avoir déjà vécu une dépression, plus sujettes à la fatigue, plus nombreuses à consulter les médecins… Il est vrai que cette dernière donnée s'explique par le fait que les femmes sont encore les seules à vivre les grossesses, à accoucher, à allaiter, en plus d'être souvent responsables d'élever les enfants et de cumuler les tâches domestiques et professionnelles. Les résultats nous renvoient donc l'image d'une société où les femmes se sentent épuisées, accablées par le poids des responsabilités. À qui la faute ? Un grand débat mais, surtout, un constat à considérer et une situation à améliorer.

Mais la maladie n'a pas que du négatif. Heureusement. La maladie n'est jamais souhaitable mais d'être confronté à celle d'un de ses proches fait grandir, rend meilleur. C'est l'aveu des deux tiers des Québécois.

Et qu'arrivera-t-il au système québécois de santé public gratuit ? Il ne fait aucun doute que le maintien de la gratuité représente la première préoccupation des Québécois. Étude après étude, il arrive presque toujours en tête de liste. Sauront-ils le maintenir encore longtemps public et gratuit pour tous ? Rien n'est moins sûr. Les Québécois sont maintenant divisés, oscillant entre optimisme et réalisme. La proportion des personnes croyant que le maintien du système dans sa forme actuelle est impossible à long terme est en constante hausse. Si les deux tiers des Québécois se disent d'accord pour imposer un ticket modérateur pour les visites à l'urgence et celles dans les cliniques médicales, on peut penser que de telles mesures attendent, juste au pas de la porte.

5
LA FAMILLE

Au Québec, il n'y a pas si longtemps, tout était axé sur la famille. Cette dernière constituait autant le point de départ que d'arrivée. Rien n'a changé (ou très peu), mais l'on assiste à une redéfinition de la famille. Ces dernières sont plus petites, les enfants uniques ne sont plus des exceptions et les familles monoparentales et reconstituées deviennent presque la norme. Ces transformations changent un peu la dynamique familiale et modifient un brin le rôle central que joue la famille au sein de la société québécoise. Son influence demeure forte, mais elle n'est plus la seule référence. Ce constat est observé principalement chez les plus jeunes, les moins de vingt-cinq ans. Pour eux, l'amitié est devenue sacrée et s'est hissée au quatrième rang parmi les vingt-quatre facteurs d'influence du bonheur. La famille, qui arrive au quatrième rang pour l'ensemble de la population, glisse au septième rang chez les plus jeunes. Il ne s'agit pas d'un désaveu de la famille, loin de là, mais plutôt d'une affirmation forte de la place qu'occupe maintenant l'amitié. Le grand frère ou la petite sœur d'avant trouve désormais écho dans les amis d'à côté.

Mais ne nous méprenons pas. La famille et l'état des relations entre les différents membres d'une même famille influencent nettement le niveau de bonheur des Québécois. Plus les relations familiales sont étroites, plus le niveau de bonheur est élevé. Par ailleurs, deux tiers des Québécois qualifient ces relations d'étroites et un peu plus de la moitié les disent même amicales et chaleureuses.

Il est fascinant de constater qu'au Québec, la qualité des relations que l'on entretient avec ses parents est inversement proportionnelle à la taille de la famille. La rareté ou l'unicité des enfants engendrent des relations familiales plus fortes. Toujours le même phénomène qui se produit, même au niveau des relations humaines. La rareté, consciemment ou non, crée en quelque sorte la valeur.

Autre constat fascinant : plus les revenus et le niveau de scolarité des Québécois sont élevés, moins les relations avec les membres de leur famille sont qualifiées de chaleureuses et amicales. De toutes les réponses données aux questions posées par l'IRB concernant les relations familiales, ces deux caractéristiques, les revenus et la scolarité, émergent et semblent influencer le type de relations que les Québécois entretiennent avec les membres de leur famille. Ainsi, il apparaît évident que la fréquence des contacts avec sa famille et ses parents, qu'il s'agisse d'appels téléphoniques, de courriels ou de visites, influence la qualité des relations. Mais de façon systématique et proportionnelle, on remarque que cette fréquence des contacts diminue avec les revenus des Québécois et leur niveau de scolarité.

Les personnes plus fortunées et plus scolarisées seraient-elles plus occupées, plus engagées, plus sollicitées, plus indépendantes, donc plus détachées de leur famille? C'est une hypothèse qui tient la route et que de nombreuses données suggèrent. Souvent moins près géographiquement de leurs parents, auraient-elles, par le fait même, moins de temps à leur consacrer? Voilà une seconde hypothèse qui rejoint un peu la première. À l'inverse, les personnes moins fortunées et moins scolarisées auraient-elles plus de temps libre? Seraient-elles plus traditionnelles, plus empathiques et plus dépendantes? Peut-on présumer qu'elles ressentent un plus grand besoin de rester en contact fréquent avec leurs parents et les membres de leur famille? C'est du moins une tendance forte qui se dégage des différentes recherches de l'IRB. Certains prétendront que ces hypothèses sont charriées, exagérées. Elles ne constituent évidemment pas une règle, mais s'avèrent en bonne partie fondées. L'observation sociale et l'analyse de plusieurs centaines de réponses traitant de différents sujets permettent de mieux saisir la globalité de différentes réalités, de mieux cerner la personnalité de chacun des segments de la société pour mieux l'extrapoler. La famille demeure sans contredit une valeur forte, essentielle et centrale, mais aussi une valeur traditionnelle, qui puise ses origines dans notre histoire. Au Québec, on remarque cependant, depuis un certain temps déjà, une forme de détachement face aux valeurs traditionnelles. Le besoin d'autonomie et d'indépendance des Québécois s'est affirmé au fil des ans. L'ouverture sur le monde et le besoin de découvertes sont nettement plus sentis qu'il y a quelques dizaines d'années. C'est particulièrement vrai chez les personnes affichant un niveau de scolarité ainsi que des revenus plus élevés. Sans être laissées de côté, les relations familiales font un peu les frais de cette nouvelle réalité issue, entre autres, d'une société nettement plus scolarisée.

Au Québec, la qualité des relations familiales tend aussi à s'affaiblir avec l'âge. C'est bien connu, tout ce qui s'use s'affaiblit, et cet adage s'applique également aux relations familiales. Plus les Québécois vieillissent, moins ils sont nombreux à entretenir des relations étroites avec les membres de leur famille et plus ils sont nombreux à déclarer ces relations de «tendues et conflictuelles». Dans la même ligne de pensée, la fréquence des contacts avec les parents diminue également avec l'âge. Dans certaines sociétés, on serait scandalisé de lire de tels résultats.

Le temps, la vie, les réalités d'aujourd'hui et les préoccupations de chacun et chacune semblent éloigner progressivement les Québécois de leurs parents, de qui ils se détachent souvent de façon bien inconsciente. Cette situation n'est d'ailleurs pas sans causer un vide chez les personnes plus âgées, qui se plaignent de ne pas voir assez souvent leurs enfants et petits-enfants. C'est peut-être ce qui explique, en partie du moins, les déménagements de plus en plus fréquents des parents qui, une fois la retraite arrivée, quittent leur patelin pour se rapprocher de leur progéniture.

Mais que serait la famille sans l'implication de la femme? Encore aujourd'hui, c'est elle qui rassemble, mobilise et stimule la famille québécoise. En 1978, Jacques Bouchard avait mentionné le matriarcat comme l'une des trente-six cordes sensibles des Québécois. Ce qui était vrai à cette époque l'est encore aujourd'hui. En fait, la femme EST la famille. La femme voit à tout, s'occupe et se préoccupe de tout, entretient les liens, multiplie les visites, organise des activités et maintient la dynamique familiale. Les chiffres sont renversants à plus d'un égard. Ce n'est pas que l'homme québécois soit complètement absent, loin de là, mais ce dernier démontre un plus grand détachement ainsi qu'un besoin moins viscéral d'entretenir constamment la cellule familiale. On pourrait aussi parler d'un certain égoïsme naturel de sa part.

Les données de l'IRB cumulées depuis 2006 démontrent invariablement les différences fondamentales qui existent entre les hommes et les femmes. Ces différences ne rendent les femmes ni meilleures, ni pires. Elles sont différentes, c'est tout. Il semble vain de vouloir changer les choses et forcer des comportements ou des attitudes qui vont à l'encontre même de la nature de chacun des sexes. Si certains acquis culturels et sociologiques se modifient, avec le temps, il apparaît inutile de vouloir s'attaquer à ceux de nature génétique. Le leadership qu'exerce la femme québécoise sur la famille ne vient pas sans une certaine pression, sans une surcharge de responsabilités. Les données sur la santé des femmes du chapitre précédent (cette grande propension à souffrir de fatigue et de dépression) trouvent un écho dans le rôle et les responsabilités qu'elles assument au sein de la famille. Et ce rôle, nous le verrons dans le paragraphe suivant, ne fera que s'accentuer dans les prochaines années.

La famille québécoise a évolué au cours des dernières décennies et les prochaines ne feront que s'inscrire dans cette mouvance. Le vieillissement de la population affecte déjà la dynamique familiale. Les Québécois vivront plus longtemps, mais demanderont aussi plus de soins. Le nombre de parents malades ayant besoin d'aide sur une base régulière, quotidienne presque, imposera une pression additionnelle sur l'ensemble de la société, une société qui n'aura sûrement plus les capacités financières d'assumer tous ces coûts. Et tout indique, encore une fois, que ce sera la femme qui en fera les frais. C'est simple, 41 % des femmes québécoises se disent prêtes, mentalement et psychologiquement, à assumer cette responsabilité alors que cette proportion chute à 29 % pour les hommes. Par contre, les hommes sont plus nombreux que les femmes à se dire prêts, financièrement cette fois, à prendre cette charge. Par chance, les trois quarts des Québécois reconnaissent le rôle des aidants naturels et se disent d'accord pour leur octroyer une rémunération conséquente. Si cette reconnaissance ne vient pas, c'est toute la famille qui en souffrira, particulièrement la femme, qui, par son empathie naturelle, assumera cette responsabilité additionnelle. La société, consciemment ou non, exploitera-t-elle une fois de plus cette compassion et cette sensibilité des femmes à leur propre détriment ? Les femmes, heureusement, assument maintenant une assez large part du pouvoir pour ne pas laisser une telle situation se produire.

6
LE TRAVAIL

«Dis-moi ce que tu fais et je te dirai qui tu es.» Le travail est tellement ancré dans nos vies qu'il nous définit et définit aussi la perception que les gens ont de nous. Si vous entendez le mot «avocat», des images vous arrivent instantanément en tête. Des comportements aussi. Des préjugés, fort probablement. Le travail déteint sur les individus bien davantage que l'inverse. Cette empreinte que laisse le travail semble influencer même jusqu'à l'allure physique des personnes. Sur le plan des perceptions à tous le moins. Nous avons tous nos exemples en tête.

Au Québec, le rapport liant les hommes à leur travail diffère de celui des femmes. Les premiers ont une vision plus traditionnelle du travail, axée sur l'effort, le mérite, le devoir et l'amélioration de leurs conditions. Les femmes accordent davantage d'importance à l'aspect relationnel et humain qui s'en dégage ainsi qu'au plaisir qu'elles retirent de leur travail. Ces différences sont clairement ressorties lors de l'enquête réalisée conjointement par l'IRB et Jobboom en 2009, qui cherchait à déterminer les douze valeurs que les Québécois associent au travail (voir le tableau 8, en annexe).

Le travail représente le troisième des vingt-quatre facteurs d'influence du bonheur des Québécois. C'est dire toute son importance et surtout, la presque nécessité d'en être satisfait.

On constate un abîme entre l'indice de bonheur de ceux qui se déclarent pleinement satisfaits de leur travail et celui de ceux qui le sont peu ou pas. Malheureusement, au Québec, seulement 45 % des travailleurs se retrouvent dans la première catégorie. Il y a vraiment place à l'amélioration. Imaginez : 80 % des Québécois considèrent qu'il leur est impossible d'être pleinement heureux sans avoir, justement, un travail qui les satisfasse pleinement. En comparaison, ils sont 60 % à prétendre pouvoir être pleinement heureux, même sans éprouver des sentiments amoureux. Il apparaît donc plus difficile d'être heureux sans avoir un travail que l'on aime que d'être heureux sans ressentir de l'amour pour une personne.

Qu'est-ce qui fait que les Québécois se disent satisfaits de leur travail ? Une foule de choses, bien sûr, mais principalement un élément fondamental : le climat de travail, ou les relations de travail harmonieuses. Peu importe la façon dont les questions sont posées, peu importe le profil de ceux et celles qui y répondent, le résultat est toujours le même. C'est invariable. Que l'on soit homme ou femme, jeune ou âgé.

N'oublions pas : le Québécois est un chialeux sympathique. Un latin qui aime placoter et entrer en relation avec les gens, pour parler, combler les vides, les trous. Il recherche la reconnaissance, peu importe la forme qu'elle prend. Il aime bien rire, faire des blagues (pas toujours drôles) pour impressionner la galerie. Alors le Québécois ne recherche pas qu'un simple environnement agréable au travail, il souhaite également y avoir du plaisir. Échanger. Sur les douze valeurs Jobboom/IRB des Québécois face au travail, le plaisir représente la troisième valeur, le climat étant la première et la rémunération la seconde. Deux valeurs communes, interdépendantes, l'une ne pouvant exister sans la présence de l'autre.

Cette question des relations de travail est tellement fondamentale que leur détérioration constitue, pour plus de la moitié des Québécois, la principale raison de quitter un emploi pour un autre.

Avis alors aux employeurs : la productivité de vos employés et leur fidélité passent par un climat de travail agréable. Ce n'est ni la première, ni la dernière fois qu'un livre ou une publication en fera la mention. Plusieurs dirigeants d'entreprises souhaitent ce climat, mais ne semblent pas toujours disposés à mettre les efforts nécessaires pour y arriver, s'entêtant à répéter les mêmes choses, à appliquer les mêmes recettes. Ils pensent que cette harmonie se fera toute seule, qu'ils n'ont qu'à la souhaiter. Ces patrons devraient se référer à une citation du célèbre Albert Einstein et ne jamais la perdre de vue : « La folie, c'est de penser qu'en reproduisant toujours les mêmes gestes nous arriverons à des résultats différents. »

D'ailleurs, la perception des Québécois face aux entreprises qui les engagent démontre bien l'étendue du problème des relations de travail. À peine le quart qualifient leur employeur d'ouvert et de positif face aux nouvelles idées. À la lumière des données recueillies, les travailleurs québécois afficheraient plus d'ouverture que les patrons qui les engagent.

Les trois quarts des Québécois jugent que la notion de bonheur au travail est désormais essentielle en 2012 pour toute entreprise soucieuse de sa réussite et de son avenir. Toutefois, moins du tiers affirment que leur employeur se préoccupe de cette notion. Le fond de conservatisme est encore présent et se manifeste, entre autres, dans le conformisme des entreprises.

Pour les Québécois, la définition d'un bon employeur est simple. C'est quelqu'un d'ouvert aux nouvelles idées et qui se préoccupe réellement du mieux-être et du bonheur de ses employés. Les employeurs diront que cette définition est trop facile et ne présente qu'un seul côté de la médaille, mais les données ne leur donneront pas forcément raison. Le but ici n'est pas de vous mitrailler de statistiques, mais parfois, elles s'avèrent utiles, nécessaires et se passent de commentaires.

Contrairement à ceux qui décrivent leur employeur comme conservateur et fermé, les Québécois qui qualifient leur employeur d'ouvert et de positif à l'égard des idées nouvelles sont cinq fois plus nombreux à se déclarer satisfaits de leur travail; six fois plus nombreux à entretenir une bonne relation avec leur supérieur immédiat; vingt-cinq fois plus nombreux à qualifier le climat de travail de «très bon»; quatre fois moins nombreux à sentir une certaine forme de harcèlement psychologique; deux fois moins nombreux à avoir déjà été victime de dépression et à «caller malade». Aussi, ils accordent moins d'importance à l'aspect rémunération. Le message semble assez clair. L'ouverture rapporte, la fermeture coûte.

Les Québécois semblent entretenir une sorte de relation amour/haine avec leur employeur. Ils apparaissent à la fois redevables et revanchards. Une chose est certaine, ils s'en méfient. Ainsi, près de la moitié d'entre eux affirment que s'ils se savaient atteints de dépression, ils préféreraient le taire à leur employeur. Pour se trouver une ressource professionnelle ou un psychologue, seuls 4 % feraient des démarches d'abord auprès de leur employeur.

Il semble exister au travail, encore aujourd'hui, deux tabous. Le premier est la dépression, le second est le harcèlement, deux proches cousins. Ainsi, plus du quart des Québécois avouent avoir déjà été victimes d'une dépression ou d'un *burn-out*, ou avoir subi une forme quelconque de harcèlement psychologique. Abus, ironie ou allusions déplacées et malveillantes de la part de collègues ou de patrons sont donc légion. Dans le cas de la dépression comme dans celui du harcèlement, on ne parle plus de phénomènes isolés. Mais les préjugés demeurent quand même tenaces au Québec. Ainsi, plus du tiers des Québécois considèrent que les cas de dépressions sont exagérés ou amplifiés.

Selon l'OMS (Organisation mondiale de la santé), la dépression constituera, en 2020, la première cause d'absentéisme au travail. Manifestement, il reste du travail à faire au Québec pour que cette maladie soit totalement comprise, acceptée et traitée sans que ceux qui en souffrent subissent des préjudices additionnels à ceux provoqués par la maladie même.

Mais alors, qui sont ces bons ou ces mauvais employeurs ? Dans quels domaines évoluent-ils ? Basés sur l'évaluation que les Québécois font de l'organisation qui les emploie, les résultats ne laissent aucun doute. Les domaines des technologies de l'information, de l'assurance et, dans une moindre mesure, du communautaire/humanitaire et social se détachent du lot et affichent les meilleurs résultats.

À l'autre bout du spectre se trouve la fonction publique dans son ensemble, tant celle fédérale que provinciale ou municipale. La rigidité, le conservatisme et la fermeture des organisations gouvernementales semblent donner à chaque changement des allures de révolution. Alors, souhaitez-vous toujours devenir fonctionnaire ? Au-delà des quolibets, des préjugés et remarques désobligeantes dont ils font régulièrement l'objet, les fonctionnaires doivent aussi composer avec des relations de travail plutôt difficiles. Une mixture peu appétissante qui n'est pas sans augmenter la difficulté de recruter des candidats de valeur.

Les entreprises manufacturières, les commerces de détail et le domaine des médias se font également juger durement par les personnes qui y travaillent.

Il n'y a pas que l'attitude des entreprises qui influence la satisfaction face à son travail, il y a également le type d'emploi que l'on occupe. Au Québec, les personnes qui occupent des postes de direction, les avocats, les représentants, les enseignants et les travailleurs autonomes affichent l'IRB le plus élevé. À l'opposé, on retrouve les travailleurs manuels, ceux exerçant des tâches répétitives, les camionneurs ainsi que les agriculteurs. Dans le cas de ces deux derniers métiers, précisons qu'ils ont en commun le fait que les personnes qui les exercent passent de très longues heures seules (voir le tableau 9, en annexe).

Aussi, la multitude des données de l'IRB nous permet d'identifier l'une des raisons du conservatisme et du manque d'ouverture des employeurs québécois : l'omniprésence des boomers dans le haut de la pyramide hiérarchique et aux commandes des organisations. Leur manque d'audace est notable et la peur de perdre des acquis l'est davantage. Des trois générations des soixante dernières années [c'est-à-dire les boomers (nés entre 1950 et 1965), les X (nés entre 1966 et 1979) et les Y (nés entre 1980 et 2000)], les boomers constituent le groupe pour qui les valeurs de dépassement au travail et de soif d'apprendre s'avèrent nettement les plus faibles. Leur égocentrisme est presque palpable : ils préfèrent le plus souvent ne rien tenter de nouveau qui comporte un risque, ne rien sacrifier des avantages déjà acquis et ne prendre les décisions qu'en fonction de ce qui les avantage le plus. Cette attitude n'est pas uniquement remarquable au travail, mais dans toutes les sphères d'activité. Malheureusement, ce constat sévère s'impose et transpire de l'ensemble des réponses données par l'entremise de l'IRB. Règle générale, le statu quo ne fait guère avancer. Le conflit des générations, c'est aussi ici qu'il s'abreuve et prend ses sources.

Mais au-delà de cette question d'ouverture de l'employeur et des relations qu'il entretient avec ses employés, qu'est-ce qui fait que les Québécois aiment leur travail ? L'impact de ce dernier sur le bonheur est tel que l'IRB y a consacré une grande partie de ses recherches. Une théorie en a même été inspirée ainsi qu'un système sophistiqué pour analyser et améliorer le bonheur au travail.

Cette théorie tourne autour de cinq grands facteurs, les facteurs R : Réalisation de soi, Relations de travail, Reconnaissance, Responsabilisation et Rémunération. Pour aimer et être satisfait de son travail, il faut d'abord se réaliser. La réalisation de soi ou le dépassement, premier des cinq R, est le facteur ayant le plus d'impact sur la satisfaction que l'on éprouve face à son travail. Plus de la moitié des Québécois ont identifié la faiblesse ou, pire, l'absence de cet élément comme principale raison de changer d'emploi.

Les relations de travail ou le climat, nous n'en parlerons pas davantage, représentent ce deuxième facteur R. La reconnaissance suit au troisième rang. C'est sans doute le facteur le plus simple, le plus fondamental et celui qui demande le moins d'investissements en regard des bénéfices qu'il engendre. Un encouragement, une claque dans le dos, un merci ne requièrent souvent que de la bonne volonté de la part de celui qui les donne. La responsabilisation représente le quatrième facteur R. Elle est nécessaire afin que l'employé trouve des défis à la hauteur de ses compétences, de son expérience et de sa volonté d'assumer un rôle déterminé dans l'organisation qui l'emploie.

La rémunération est le cinquième de ces cinq facteurs R. Contrairement aux quatre autres facteurs, elle ne vient pas pendant, mais après la réalisation du travail. Elle est en quelque sorte extrinsèque, et prend la forme d'une récompense au travail et aux heures consenties. La rémunération agit aussi et parfois comme une récompense ou un baume qui permet de mieux supporter un environnement de travail défavorable. Ainsi, il est fascinant de constater que plus les quatre premiers facteurs sont présents, plus l'importance accordée à la rémunération décroît, alors que le phénomène inverse se produit lorsque les quatre premiers facteurs sont absents ou peu présents dans une organisation.

Un travail satisfaisant, un travail que l'on aime, dépend de ces cinq facteurs. Plus ils sont présents, plus les travailleurs sont heureux, motivés et performants. Plus simple à dire et à écrire qu'à faire, nous en convenons.

Mais on ne peut parler de la notion de travail au Québec sans aborder celui qui se fait au noir. Si un peu moins du quart des Québécois avouent avoir accepté du travail au noir, une proportion presque identique concède en avoir donné. Ainsi, comme le dit le proverbe, il faut être deux pour danser le tango. On peut soupçonner ici les répondants aux sondages, les uns comme les autres, d'avoir eu peur de Big Brother et de s'être permis une petite gêne dans leurs réponses. Quoi qu'il en soit, l'offre vient des plus riches, la demande, des plus pauvres.

Fléau social ou réalité incontournable ? La très vaste majorité des Québécois affichent un certain réalisme face au travail au noir et le considèrent comme une fatalité avec laquelle il faut composer. D'ailleurs, confrontés à une situation financière précaire, les trois quarts des Québécois accepteraient un travail au noir. L'autre quart ? Eh bien, l'autre quart des Québécois n'a probablement jamais été confronté à une réalité parfois cruelle.

Difficile également de parler de travail sans aborder la retraite. Qui ne se souvient pas de la campagne publicitaire « Liberté 55 » ? Certes un succès à l'époque, mais bien loin d'une réalité aujourd'hui. Les Québécois ne sont que 15 % à souhaiter une retraite à cinquante-cinq ans et moins. Et pariez un 2 $ que parmi eux, une proportion considérable déteste son travail.

La vaste majorité des Québécois souhaitent prendre leur retraite quelque part entre cinquante-cinq ans et soixante-cinq ans ; près du quart, après soixante-cinq ans. Cette dernière proportion, relativement élevée, n'est pas sans nous rappeler l'actuel contexte économique et social. Plusieurs travailleurs repoussent leur retraite par obligation, les revenus adéquats et les économies n'étant pas au rendez-vous. D'ailleurs, 60 % des Québécois ne croient pas qu'ils auront suffisamment d'argent pour prendre leur retraite au moment souhaité.

D'autres, et il sont nombreux, repoussent l'âge de leur retraite pour contribuer et se rendre, d'une quelconque façon, utiles à la société. Ne l'oublions pas : le travail représente le troisième facteur d'influence du bonheur ; l'accomplissement est le premier ; la reconnaissance, le huitième (voir le tableau 7, en annexe).

Malgré tout, si vous gagniez le gros lot de dix millions de dollars, vous agiriez probablement comme près des trois quarts des Québécois qui diraient « bye bye » à leur *boss*. Et personne ne vous en voudrait.

7
L'ARGENT

Mais par où commencer ce chapitre ? La relation qu'entretiennent les Québécois avec l'argent est-elle saine ou malsaine ? Sont-ils à sa merci ou, au contraire, en contrôle ? Les données sont parfois contradictoires, mais une tendance se dégage : les Québécois sont de mauvais gestionnaires de leur portefeuille. S'ils évaluent leur rapport à l'argent à 7,75 sur une échelle de 10 (10 étant un rapport très sain avec l'argent), ce qui n'est pas si mal, pourquoi alors sont-ils près de la moitié à considérer ne pas avoir une relation saine avec l'argent ? Les prochaines pages nous apporteront des explications.

La relation des Québécois avec l'argent oscille entre la préoccupation et l'obsession. Si la préoccupation est normale et saine dans une société de consommation comme la nôtre, l'obsession est carrément malsaine et conduit inévitablement vers la cupidité. Alors que le quart des Québécois affirment en vouloir toujours plus, cette proportion grimpe au tiers pour les personnes qui affichent les revenus les plus élevés. Un peu fou, n'est-ce pas ? Ce n'est donc plus une légende urbaine. Plus on a de l'argent, plus on en veut.

Cette tendance de toujours en vouloir plus est bien appuyée par un constat implacable : les Québécois sont deux fois plus nombreux à se qualifier de dépensiers plutôt que d'économes.

La propension à consommer (la surconsommation) représentait déjà, en 1978, la treizième corde sensible des Québécois de Jacques Bouchard. Il ne s'était pas trompé.

Plus du tiers des Québécois interrogés avouent vivre au-dessus de leurs moyens, ce qui démontre l'ampleur de cette manie dépensière. Cette proportion atteint même 42 % chez les Québécoises. On entend souvent dire qu'il faut créer la richesse. Avec de tels chiffres, on peut penser que la richesse existe, mais ne fait que passer dans les poches des Québécois pour ensuite se retrouver dans celles des vendeurs de rêves.

Les Québécois consomment, parfois compulsivement. Souhaitaient-ils ainsi défier le passé en confrontant le dicton « Quand on est né pour un petit pain », qui leur a si longtemps collé à la peau ? Possible, pour ne pas dire probable. Comme s'ils voulaient s'assurer que ce dicton ne s'applique plus, qu'il est révolu.

Les Québécois, en plus d'être de mauvais gestionnaires de l'argent qui leur passe entre les mains, ont développé, au passage, une petite relation de dépendance. Ils veulent toujours améliorer leur sort et leur confort, mais ne jamais perdre d'acquis, ne jamais rien sacrifier. Pour les maintenir, ils s'endettent et endettent toute une société en devenir avec eux. Aux voisins gonflables d'Yvon Deschamps, les Québécois répondront par les générations dégonflables, incapables qu'ils seront de maintenir le rythme. Il est clair que les Québécois vivent individuellement au-dessus de leurs moyens, et pour maintenir ce train de vie, ils vivront, collectivement, en dessous de leurs moyens. Pour payer le suçon du bébé, ils devront le priver de lait.

À peine le tiers des Québécois croient pouvoir épargner suffisamment pour subvenir à leurs besoins une fois arrivés à la retraite. Est-ce le résultat d'une mauvaise gestion de leur argent ou le fait qu'ils n'en aient pas suffisamment? Les boomers, ces cigales incorrigibles, sont à peine plus nombreux à penser qu'ils en auront assez pour leur retraite malgré qu'ils constituent les retraités d'aujourd'hui et de demain. C'est donc dire que près de deux Québécois sur trois manqueront d'argent lorsqu'ils se présenteront au portillon de cette étape importante de leur vie. Alors, où le prendront-ils, cet argent? D'où proviendra-t-il?

« L'argent ne fait pas le bonheur, celui qui a dit ça est un sacré menteur », chantait France Gall dans les années 70. Elle avait bien raison. C'est maintenant mathématique, statistique. Systématique aussi. Sur quarante enquêtes réalisées jusqu'à présent, les personnes déclarant les plus hauts revenus enregistrent toujours un IRB de sept à onze points supérieur à celui des personnes qui déclarent les plus faibles revenus. Et l'amélioration de l'IRB croît de façon directement proportionnelle à ces revenus. Tellement logique et naturel. Cela va de soi. L'argent a des effets positifs sur presque tous les éléments qui composent la vie.

Mais une fois que l'on a précisé et prouvé que l'argent contribue au bonheur, il est nécessaire de procéder immédiatement à un second constat: l'argent ne rend pas meilleur. Ce dernier constat est aussi vrai que le premier, même qu'il serait tentant de penser que c'est plutôt l'inverse qui se produit.

Au fil des centaines de questions posées depuis cinq ans, les personnes qui affichent les plus hauts revenus constituent toujours le groupe le plus pingre, le moins généreux, le moins solidaire de la population. Systématiquement, ils sont les moins disposés à sortir de l'argent de leur poche pour des éléments collectifs ou des causes qui ne leur rapporteront pas de bénéfices directs, mais ils sont par contre les plus rapides à le faire aussitôt que leur seul intérêt est gagnant.

Les personnes plus riches sont possiblement plus heureuses mais le bonheur ne fait pas forcément de chacun de meilleures personnes. Le bonheur, en 2012, est souvent égoïste.

L'argent, l'argent, et encore l'argent. Il constitue une préoccupation quotidienne pour un Québécois sur trois. Près de la moitié des sondés admettent avoir des soucis d'argent, les femmes nettement plus que les hommes. Et les plus riches ne sont pas épargnés par ces soucis. D'ailleurs, l'argent et l'état des finances personnelles des Québécois représentent le cinquième des vingt-quatre facteurs d'influence du bonheur. Avant l'amour. Même ce dernier sentiment semble parfois conditionné par l'argent.

Après les conditions météo et le hockey, c'est autour des questions d'argent que le caractère chialeux du Québécois se manifeste le plus. Il n'a pourtant que lui à blâmer. Sa situation financière n'est pas si mal, mais il se plaint d'être trop endetté. Il consomme trop, mais se plaint que ça coûte cher. Il vit au-dessus de ses moyens, mais ne veut pas que ça paraisse. Il anticipe la retraite, mais n'aura pas les moyens de la prendre. N'allez surtout pas lui demander en plus de sortir ses dollars pour des choses ou des causes qui le dépassent ou qui ne le concernent que de loin.

La dette du Québec représente un bel exemple de cette forme d'égoïsme. Elle se situe quelque part autour de cent quatre-vingt-cinq milliards de dollars, mais à peine le quart des Québécois s'en disent préoccupés. Comme si elle allait se régler d'elle-même. On s'entend, cent quatre-vingt-cinq milliards de dollars, ça fait beaucoup de cennes noires. Tellement que les chiffres en deviennent abstraits. Les Québécois s'en détachent. Ce n'est plus leur problème. Que peuvent-ils bien faire, ces malheureux, pour combler ce trou sans fond ?

Le Québécois fait alors ce qu'il sait faire de mieux après chialer. Il se déresponsabilise, impute le problème, mais aussi la solution, aux autres. Tellement plus facile.

Ainsi, confrontés à une série de solutions visant à ramener la dette du Québec à des dimensions acceptables, les réponses les plus populaires chez les Québécois n'impliquent jamais que l'on puise (directement ou indirectement) dans leurs poches. Hausses d'impôts, hausses de taxes, hausses des coûts d'électricité, contribution annuelle spéciale, toutes ces solutions ne suscitent que bien peu d'enthousiasme. Plus facile de refiler la facture aux entreprises en haussant les impôts de ces dernières. Rappelons que 19 % des Québécois considèrent que les entreprises paient des impôts justes et équitables.

Le comportement des Québécois face à l'argent révèle un paradoxe : l'amélioration des conditions matérielles d'un individu se fait presque toujours au détriment de celles de la collectivité. Au Québec, ces améliorations matérielles individuelles ont favorisé un détachement par rapport aux conditions et aux valeurs collectives. On ne garde du collectif que ce qui sert nos intérêts et l'on se détache de ce qui nous apparaît moins utile, sans égard pour les autres concitoyens moins favorisés à qui certains avantages sociaux profitent. L'égoïsme règne en maître et l'individualisme est devenu presque un mode de vie, un dogme. Ainsi, 78 % des Québécois admettent qu'ils sont plus individualistes qu'avant. De façon plus concrète, cela se traduit présentement par un préjugé favorable envers le privé, au détriment du public. Le renforcement du premier n'a alors d'égal que l'affaiblissement du second.

L'attachement des Québécois face à l'argent et au confort qu'il procure apparaît même comme une forme de contrainte. Chaque engagement financier limite ou réduit, d'une certaine façon, l'indépendance des individus. Plus du tiers des

Québécois admettent d'ailleurs sentir une forme de dépendance face au confort acquis et affirment que ce dernier les empêche d'envisager des choses sortant de leur cadre habituel de vie. Toujours le risque de perdre qui se pointe et menace.

Par ailleurs, que font les Québécois lorsqu'ils ont besoin d'argent? Ils jouent à la loterie. Pas tous. Loin de là. En fait, c'est un peu moins de la moitié d'entre eux qui achètent des billets sur une base régulière ou occasionnelle. On aurait pu penser que cette proportion serait plus grande tant la publicité pour les jeux de hasard et la loterie est omniprésente. Et qui les achète, ces billets? Les plus pauvres et les plus riches, principalement. Les premiers par espoir de toucher la somme qui leur permettra de mieux vivre, de s'en sortir ; les seconds, probablement, parce qu'ils en dépensent trop ou en veulent toujours plus.

Questionnés à savoir comment ils répartiraient un gros lot de dix millions de dollars, les Québécois donneraient la priorité à leur retraite avant toute chose. Logique, lorsqu'on sait que la majorité d'entre eux anticipent de manquer d'argent une fois la retraite à leurs portes.

Maudit argent! Qu'est-ce que les Québécois ne feraient pas pour en avoir une montagne? Une importante entrée d'argent inespérée ou inattendue est de loin l'élément le plus souvent mentionné comme la meilleure chose qui pourrait leur arriver dans la vie. C'est dire comment la société moderne valorise l'argent et en fait le moteur ainsi que l'élément de la réussite, du bien-être et même du bonheur. Les Québécois, manifestement, n'y sont pas insensibles, loin de là.

Mais attention! Si l'argent contribue au bonheur, le désir immodéré d'en obtenir ou la valeur démesurée qu'on lui accorde agit à l'inverse. La cupidité est un comportement qui mine le bonheur.

Difficile également de consacrer un chapitre à l'argent sans parler de pauvreté. Elle est bien présente au Québec et souvent bien visible. À Montréal davantage. Les plus pauvres, ceux qui bénéficient de l'Aide sociale, mais qui sont déclarés aptes à travailler, reçoivent 596 $ par mois. Ils peuvent bonifier ce montant de 200 $ en travaillant quelques heures par mois. Ce qu'ils gagnent au-delà de ce montant est coupé sur leur allocation du mois suivant. C'est donc à un montant total mensuel de 796 $ qu'ils ont droit. Traduit sur une base annuelle, c'est un revenu de 9 552 $.

Confrontés à ces chiffres, 8 % de Québécois affirment qu'ils seraient en mesure de vivre avec une telle somme. Cette proportion tombe à 2 % chez les personnes plus âgées et plus riches. Et on ne parle ici que d'intentions, d'hypothèses. Confrontées réellement à ces revenus et aux conditions qu'elles imposent, les proportions mentionnées précédemment fonderaient littéralement. Le montant moyen minimum avoué dont les Québécois auraient besoin pour vivre et subvenir mensuellement à leurs besoins se situe à 1 725 $. C'est légèrement plus du double de la prestation maximale accordée par l'Aide sociale à un citoyen apte au travail, et 100 $ de plus que ce que reçoit un salarié québécois travaillant quarante heures par semaine au salaire minimum. Bien sûr, ce montant de 1 725 $ fluctue selon les segments de la population, mais il illustre bien l'ampleur des écarts entre ce qui est nécessaire pour vivre et ce qui est réellement alloué et démontre qu'il existe des centaines de milliers de Québécois qui sont pauvres, même en travaillant à temps plein. Et la pauvreté semble maintenant s'incruster. Elle fait partie d'une réalité que les Québécois admettent comme une fatalité. La preuve : la moitié d'entre eux ne croient pas être témoins, de leur vivant, d'une diminution notable de la pauvreté au Québec.

S'il est vrai que l'argent crée la richesse, il est aussi vrai d'affirmer qu'il engendre la pauvreté, s'il n'est pas adéquatement partagé. La pauvreté, quant à elle, isole. Les Québécois devront trouver l'équilibre entre ce que l'argent crée et ce qu'il provoque, tant d'un point de vue personnel que collectif. Peut-être cette sensibilisation face aux différents attributs de l'argent devrait-elle se faire dès l'adolescence et côtoyer ainsi le français, l'anglais et les maths à l'école? Qui en souffrirait?

8
L'AMITIÉ

On dit souvent que l'amitié est plus forte que tout. Un sentiment souvent inconditionnel. Il agit un peu comme un rempart contre les mauvais coups de la vie. Pas surprenant de le retrouver au neuvième rang des vingt-quatre facteurs d'influence du bonheur des Québécois. Ce rang fluctue en fonction de l'âge, passant du neuvième au quatrième pour les plus jeunes. Il varie aussi beaucoup en fonction de la taille de la famille. Plus celle-ci est petite, plus l'amitié occupe une grande importance. Parlez-en aux enfants uniques.

En fait, l'amitié gagne progressivement du terrain par rapport à la famille. Les données ne laissent que peu de doutes. L'urbanité semble également jouer un rôle dans l'importance accordée à l'amitié, ce sentiment s'avérant plus important pour les personnes vivant en milieu urbain que pour celles vivant en milieu rural. Le phénomène inverse se produit en ce qui concerne les liens familiaux. De toutes les villes du Québec, c'est d'ailleurs à Montréal que l'amitié comme facteur d'influence du bonheur s'avère le plus fort. On observe la même dynamique avec le niveau de scolarité des Québécois. Plus ce dernier est élevé, plus l'amitié se retrouve haut dans la hiérarchie des sentiments des individus. Considérant la petite taille des familles, l'appauvrissement démographique des milieux ruraux et le vieillissement prématuré de leurs populations, l'attrait des grands centres et l'accroissement du niveau de scolarisation de la population, la place de l'amitié dans la vie et son influence sur le bonheur individuel n'iront sans doute qu'en augmentant.

Autre preuve de l'importance de l'amitié : trois Québécois sur quatre estiment qu'il leur serait impossible d'être pleinement heureux sans pouvoir compter sur un réseau d'amis véritables. Selon cette seule donnée, le bonheur semblerait donc plus probable et accessible sans amour que sans amitié.

Cette comparaison entre ces deux sentiments en entraîne d'autres sur la force de chacun. Selon les données de l'IRB, le nombre de personnes considérant l'amitié plus précieuse que l'amour équivaut à peu près au nombre d'individus clamant l'inverse ; il y a donc match nul. La comparaison de la force de ces deux sentiments, bien qu'elle puisse paraître subjective, voire un peu boiteuse (nous en convenons), s'avère tout de même intéressante. Par ailleurs, la ligne est parfois bien mince entre ces deux sentiments qui, souvent, se croisent et se confondent. N'oublions pas que 75 % des Québécois considèrent leur conjoint(e) d'abord comme un(e) ami(e) ou un(e) partenaire. S'il est rare que l'amitié se transforme en amour, il est plutôt fréquent d'observer le contraire.

Alors, la mythique amitié entre un homme et une femme est-elle possible ? Une amitié sincère, véritable et détachée ? Une amitié où jamais l'attirance, l'envie ou l'acte sexuel n'interviennent pour brouiller les cartes ? Moins de la moitié des Québécois croient cette amitié possible, malgré le fait qu'une vaste majorité de la population dise compter une personne de l'autre sexe dans son réseau restreint d'amis véritables. Précisons toutefois que presque la moitié de ce groupe confirme, du même souffle, avoir déjà éprouvé à l'égard de cette personne de l'autre sexe des sentiments amoureux ou avouent avoir eu avec elle des relations sexuelles. Les hommes, bien entendu, sont nettement plus nombreux que les femmes à faire cet aveu. L'amitié homme/femme s'avère donc possible, mais risquée.

Il est difficile de parler d'amitié de nos jours sans évoquer, d'une manière favorable ou non, le réseau Facebook. La pénétration de ce réseau au sein de la population québécoise atteint maintenant près de 70 % et bien davantage chez les plus jeunes. Mais l'amitié sur Facebook n'a absolument rien à voir avec le sentiment véritable. En fait, Facebook a redéfini l'amitié dans un sens nettement plus large, moins engagé et plus superficiel. Les connaissances, vagues ou non, virtuelles ou réelles, deviennent des «amis» sur Facebook. Dans ce contexte, il n'est pas surprenant de constater qu'au Québec, la majorité des utilisateurs de ce réseau disent connaître la presque totalité de leurs centaines d'amis inscrits sur leur page. Mais «connaître» quelqu'un, de nom ou par personne interposée, n'en fait pas automatiquement un ami.

Dans la réalité, il faut savoir que près des trois quarts des Québécois évaluent à trois et moins leur nombre d'amis véritables et plusieurs confient n'en avoir aucun. Ils sont à peine 25 % à en compter quatre ou plus. Un Québécois sur cinq avoue ne pas avoir d'amis suffisamment intimes pour se confier ou aborder des sujets très personnels. Cette situation s'avère d'ailleurs catastrophique pour ces personnes, leur niveau de bonheur en étant brutalement affecté. D'ailleurs, il est intéressant de constater la progression de l'IRB en fonction du nombre d'amis véritables que comporte notre réseau. Cette progression faiblit toutefois à partir de quatre amis, pour ensuite se stabiliser pour ceux qui disent en compter cinq ou plus.

L'amitié est un sentiment précieux parce qu'il est rare et entier. Certaines personnes déclarent le plus sérieusement du monde avoir cent soixante-deux « vrais amis » grâce à Facebook. Ce chiffre, qui défie l'entendement, amène à penser que ces personnes ignorent simplement ce qu'est l'amitié.

Pour plusieurs, la force de l'amitié n'a pas de limite. Les Québécois seraient prêts à risquer gros pour sauver leur meilleur ami. Les hommes et les jeunes davantage que les femmes et les personnes plus âgées, ce qui peut laisser supposer que l'amitié s'exprime plus intensément chez les premiers. Ainsi, la vaste majorité des Québécois (70 %) seraient prêts à risquer leur argent pour sauver leur meilleur ami. Quand on connaît l'attachement des Québécois à l'argent, ce n'est certes pas banal. Interrogés sur ce qu'ils sacrifieraient au nom de l'amitié, plus du tiers des répondants seraient prêts à risquer leur vie, un tiers risqueraient leur santé et un quart risqueraient même leur couple ! Seriez-vous prêt à en faire autant pour sauver votre ami Facebook # 162 ?

Les Québécois entretiennent des relations avec leurs amis de façon plus régulière et plus naturelle qu'avec les membres de leur famille, qualifiant souvent leurs relations familiales de forcées ou obligées. Ainsi, les Québécois sont très peu nombreux à avouer délaisser leurs amis et à considérer que les contacts avec eux ne sont pas assez fréquents.

Mais l'amitié a beau être plus forte que tout, elle comporte des limites que plusieurs ne souhaitent pas franchir. Ainsi, il y a des sujets que l'on ne souhaite pas aborder, même avec son meilleur ami. Les Québécois ont tous des squelettes, petits ou gros, qui sommeillent dans un de leurs placards. Ainsi, même avec leurs amis, les trois quarts d'entre eux n'aborderaient pas des problèmes familiaux remontant à l'enfance. Plus de la moitié ne se confieraient pas s'ils avaient des pensées suicidaires, ne livreraient pas les détails de leur vie sexuelle ou ne dévoileraient pas des actes passés répréhensibles et/ou criminels.

Au bout du compte, malgré l'amitié, l'être humain demeure bien seul et doit composer avec les aléas de la vie. La moitié des Québécois affirment ressentir parfois des émotions fortes, des tracas, des craintes, mais ne vouloir ou ne pouvoir en parler à personne autour d'eux. Bon nombre de Québécois préfèrent garder le secret concernant certaines choses qui leur sont arrivées ou qu'ils sont en train de vivre. Des choses qu'ils ne veulent partager, qu'ils conservent emprisonnées ou enfouies à un endroit qu'ils veulent oublier. C'est sans doute ce qu'on appelle gentiment le «jardin secret», un endroit où même l'amitié ne peut entrer.

À la lumière de ces dernières données, on comprend mieux le rôle des psychologues et thérapeutes qui deviennent des oreilles attentives et essentielles, des intervenants qui ne porteront aucun jugement. Aussi embarrassantes que soient les révélations, elles ne traverseront pas les murs de leur cabinet.

Pourtant, les amis, selon ce que les données suggèrent, doivent servir. C'est leur rôle principal, sinon, ils ne sont là que pour occuper l'espace et le temps, ce qui s'avère nettement insuffisant pour mériter le titre d'ami. Ainsi, plus les Québécois se censurent ou gardent le silence par rapport à ce qui les préoccupe profondément, plus leur niveau de bonheur s'en trouve affecté négativement. Le dicton disant que «parler d'un problème, c'est déjà en partie le régler» ne s'est jamais avéré aussi fondé et pertinent.

9
L'ÉDUCATION

Si on dit souvent que la culture est l'expression d'un peuple, l'éducation en serait l'âme. Au Québec, la première est vivante et dynamique. Elle se porte bien, quoiqu'elle soit toujours menacée. Mais que dire de l'autre ?

L'éducation s'exprime de deux manières. La forme parentale est donnée et reçue à la maison ; la forme scolaire est apprise sur les bancs de l'école. Nos valeurs, celles qui font de nous les êtres que nous sommes, proviennent surtout de l'éducation parentale. La connaissance, sous toutes ses formes, vient principalement du milieu scolaire.

Les Québécois se plaignent de n'avoir jamais assez de temps. Ils disent se sentir toujours coincés entre le travail, les emplettes, les repas, les devoirs et les dodos. Et l'éducation en souffre. Plusieurs avouent abdiquer ou se déresponsabiliser. Une tendance assez forte chez les Québécois.

Les repas représentent un bel exemple pour illustrer ce manque de temps. Ceux qui sont pris en famille se font de plus en plus rares et de plus en plus rapides. Ainsi, malgré la multiplication des émissions de télévision axées sur la bouffe, la prolifération des revues spécialisées sur le sujet et le succès des livres de recettes, les Québécois préparent de moins en moins de repas. Ils devraient pourtant savoir que leur indice de bonheur croît avec le nombre de soupers que l'on prend le temps de préparer et de partager.

L'heure du souper est escamotée au profit de toutes les autres formes de distractions existantes. Dommage, lorsqu'on sait qu'il s'agit d'une période essentielle pour l'éducation des enfants. Moment privilégié pour écouter, échanger et s'intéresser aux autres membres de la famille, l'heure du souper est devenue la minute du souper et ressemble davantage à une séance de visionnement collective et unidirectionnelle. Imaginez : près de la moitié des Québécois admettent que la télévision est toujours allumée dans la cuisine ! Ce résultat ne tient pas compte des ordinateurs, des téléphones intelligents ou des tablettes numériques. Difficile, dans ce contexte, d'aborder des sujets plus personnels ou plus délicats. Beau prétexte aussi pour fuir les situations embarrassantes, éviter des discussions corsées. Plusieurs choisissent la diversion, achètent alors la paix et glissent le problème sous le tapis, espérant qu'il se règle de lui-même.

En matière d'éducation parentale, trois Québécois sur quatre s'estiment davantage permissifs et tolérants que stricts et sévères. Les prochaines données semblent le confirmer. Ainsi, l'âge moyen accepté par les parents québécois pour que leurs enfants consomment de l'alcool avec eux se situe à 16,5 ans. Près du quart évaluent cet âge à quinze ans et moins. Finalement, 78 % des Québécois considèrent normal que leurs enfants consomment de l'alcool (bière et vin) à la maison avant l'âge légal pour le faire. Le problème d'alcool au volant, tant chez les plus vieux que chez les jeunes, puise un peu sa source dans ces données, alors que la consommation d'alcool semble souvent banalisée dès la jeune adolescence[1].

---

1. Malgré des années de campagne d'éducation pour contrer le fléau de l'alcool au volant, 40 % des Québécois avouent conduire occasionnellement en sachant que leur taux d'alcoolémie est supérieur à la limite tolérée.

La boisson est, par ailleurs, nettement mieux acceptée socialement que le pot (marijuana), et ce, même si six Québécois sur dix avouent en avoir déjà fumé ou en fumer encore. Ainsi, les Québécois seraient trois fois plus nombreux à se montrer fortement irrités si leur jeune adolescent rentrait à la maison drogué plutôt qu'ivre. La parodie déjà entendue du père servant un avertissement solennel à son fils, « Tu peux rentrer soûl mort, mais que je te voie jamais fumer du pot », n'a jamais été si fondée. Au Québec, la consommation de marijuana atteint des sommets chez les plus jeunes et est nettement plus populaire auprès des hommes que des femmes. Mais avec à peine le tiers des Québécois qui souhaitent sa légalisation, les opposants peuvent dormir tranquilles. Les parents aussi. Le pot n'est pas près d'envahir les dépanneurs.

Les Québécois semblent néanmoins plus permissifs et libéraux que stricts et sévères, ce qui n'est pas un défaut. Mais le seraient-ils essentiellement par nature, en fonction de leurs valeurs et de leur éducation ou par paresse, par mollesse afin d'éviter la chicane et les confrontations ? Les enfants rois, les enfants gâtés, ça vous sonne une cloche ?

Dans un autre ordre d'idées, les chiffres de l'IRB nous apprennent que les Québécois lisent de moins en moins. Le phénomène est encore plus flagrant chez les jeunes et les hommes, grands consommateurs de gadgets électroniques et de jeux vidéo. La lecture est une activité en régression et devient de plus en plus associée à une certaine forme d'élitisme. Elle semble peu valorisée à la maison et pas suffisamment à l'école.

L'éducation passe aussi par une certaine forme d'engagement, de dépassement de soi et le sport d'élite est indéniablement une manière d'y parvenir. Un Québécois sur cinq confirme avoir déjà fait partie d'un club d'élite et les données les concernant permettent d'affirmer qu'ils sont plus débrouillards et plus confiants que ceux qui n'ont jamais pratiqué un sport de façon plus intensive. Ils trouvent plus facile de faire avancer leurs idées et savent davantage où s'adresser pour obtenir de l'aide afin de les concrétiser. Ils affichent également une plus grande facilité à s'intégrer dans différents milieux.

Mais l'éducation, c'est aussi et beaucoup ce que l'on vit et ce que l'on apprend à l'école. Le profil d'une société est façonné par le niveau d'éducation des gens qui la composent. Au Québec, l'éducation est un sujet délicat et sensible qui fournit plus de matière à débattre et à découdre qu'à mobiliser et à rassembler.

Depuis quelques années, on assiste à la division de la société en deux clans, deux castes presque. Le privé, riche, valorisé et subventionné; le public, pauvre, critiqué et sous-financé. L'aura des écoles privées est telle qu'elle influence les perceptions et impose une incroyable pression sur le système public. Ce dernier encaisse plutôt mal le coup et accuse de nombreuses désertions, particulièrement celles provenant des meilleurs éléments. D'ailleurs, le tiers des Québécois considèrent que le système public d'éducation s'est détérioré dans les dernières années. Ils sont la même proportion à croire que les enfants qui fréquentent les écoles privées ont de meilleures chances de réussir dans la vie.

Mais les opinions des Québécois au sujet de l'éducation ne sont que très rarement entendues dans les médias. Elles sont souvent noyées par les positions des deux groupes opposés. D'une part, celle de la pensée dominante, de l'élite, et, d'autre part, celle véhiculée par les jeunes contestataires, les groupes étudiants. Tendre l'oreille davantage permettrait aux dirigeants d'apprendre des choses intéressantes, des choses qu'ils savent déjà, fort probablement, mais qu'ils préfèrent sans doute ignorer. Ainsi, ils seraient surpris de savoir que plus du tiers des Québécois ignorent que les écoles privées sont subventionnées par l'État jusqu'à 60 % de leurs coûts de fonctionnement. Lorsque informés de la situation, les deux tiers de ces répondants se disent en désaccord avec ce financement.

Dans le même ordre d'idées, les Québécois sont deux fois plus nombreux à penser que la sélection des élèves des écoles privées affaiblit les écoles publiques. Et malgré toutes les critiques qui accablent le système public d'éducation, ils ne sont que 5 % à souhaiter que ce dernier migre vers un système privé. L'actuel portrait de l'éducation au Québec, avec la prééminence du privé, n'est d'ailleurs pas sans fournir des pistes sur la direction que prendra le système de santé dans les prochaines années.

Au Québec, tout le monde ou presque souhaite garder les systèmes d'éducation et de santé publics. Des systèmes ouverts, de qualité et accessibles à tous. Cependant, dans les faits, sitôt que les Québécois peuvent les contourner, s'en passer, ils ne s'en privent surtout pas. Les Québécois se disent solidaires, mais à la lumière de leurs actes, ils ne le sont guère. Une tendance se dessine : on ne prend que le bon de ce qui est gratuit et public et on se fait subventionner, au privé, ce qui semble faire défaut au public.

Les reproches que les Québécois adressent au système public d'éducation sont multiples, mais ils se résument principalement à un élément qu'ils considèrent déficient : l'encadrement. Ils souhaitent, d'une part, plus d'encadrement professoral et, d'autre part, moins d'encadrement syndical. La majorité des Québécois souhaitent que les professeurs aient plus de pouvoir, d'autonomie et fassent preuve d'une plus grande autorité. Les Québécois sont aussi plus nombreux à penser que les syndicats protègent trop les mauvais professeurs, que les directions d'écoles n'ont plus assez de latitude et qu'elles ont les « mains attachées » par la rigidité des conventions collectives.

Mais l'éducation au Québec embrasse beaucoup plus large que l'opposition public/privé des écoles primaires et surtout secondaires. Le financement des études postsecondaires et les frais de scolarité constituent sans doute les plus grandes sources de division de l'opinion publique. Les compromis semblent impossibles tant les positions sont opposées. Le gouvernement a déjà fait son nid en annonçant des hausses totalisant 1 625 $ sur cinq ans. Les étudiants n'ont pas dit leur dernier mot, mais il serait surprenant d'assister à un revirement de situation. Et pourtant !

Les données de l'IRB sont surprenantes à plus d'un égard et vont nettement dans le sens des positions adoptées par les étudiants. Alors que plus de la moitié des Québécois (55 %) croient que le Québec devrait s'affirmer comme l'endroit en Occident où les études postsecondaires sont les moins chères, seulement 14 % s'opposent à cette idée. Une société distincte, par définition, doit se distinguer et cette position en regard des frais de scolarité en est une qui possède un mérite certain ainsi qu'un pouvoir de rassembler, mobiliser. Bien sûr, il y a des coûts, mais faire des choix n'est jamais facile, d'autant plus s'il n'existe aucun plan, aucune vision de ce que l'on espère comme société dans quinze, vingt, trente ans.

Toujours par rapport à la hausse des frais de scolarité, un Québécois sur deux ne souhaite pas leur hausse. Ils sont même le tiers à vouloir les diminuer. Mais la même étude nous apprend que les personnes plus âgées, les boomers, et celles affichant les plus hauts revenus sont plus des deux tiers à les souhaiter. « Pourquoi contribuer financièrement à quelque chose qui ne nous concerne plus, qui ne nous profite pas directement ? », semblent-ils se dire. Il est nettement préférable, si l'on poursuit leur raisonnement, d'investir dans des programmes qui leur seront bientôt utiles. Les conflits de génération s'expriment de plusieurs façons et certains d'entre eux laissent voir des fossés qui permettent de constater l'ampleur du problème. Mais le pouvoir, tant celui politique que celui du nombre, étant entre leurs mains, c'est davantage leurs discours que l'on entend et leurs solutions qui seront probablement adoptées. Un combat qui, présentement, apparaît inégal et perdu d'avance pour les générations plus jeunes.

En fait, lorsqu'on analyse les réponses données aux huit cents questions posées en fonction du niveau de scolarité des répondants, un premier constat tombe bien vite. Le plus important et lourd de sens : l'incroyable incidence du niveau de scolarité sur l'ouverture d'une société, sa confiance, sa santé et sa capacité à évoluer, sur tous les plans. La scolarisation définit et détermine l'avenir ainsi que le bien-être de toute société. Dans ce contexte, il n'est pas exagéré d'affirmer que tout geste ou toute décision pouvant potentiellement freiner ou réduire l'accès à des études supérieures représente un manque flagrant de vision. Une véritable hérésie, une façon sûre de se faire hara-kiri.

On le voit bien, l'éducation n'a pas fini de faire parler d'elle. Quelle place lui donner ? Avant ou après la santé ? Il semble toujours plus facile d'opter pour la santé. Elle est l'expression du corps, la partie tangible et visible d'une personne, alors que l'éducation est l'expression de l'esprit, la partie plus abstraite. Et si on se posait la question : est-ce l'esprit qui domine davantage le corps et l'influence ? Ou est-ce le contraire ?

Pour plusieurs, l'éducation n'est pas un privilège, mais un droit. Et parmi les types de pauvreté, la pire n'est-elle pas celle d'un État incapable de financer correctement son système d'éducation ?

10
L'OUVERTURE

La définition d'ouverture est comme le mot : large. On peut presque lui donner la signification que l'on veut. Pour l'IRB, l'ouverture se manifeste de multiples façons et dans presque toutes les sphères de la vie. L'absence de préjugés, la meilleure connaissance de l'autre, l'acceptation des différences, la capacité d'adaptation face à l'évolution de la société, la tolérance et l'optimisme représentent toutes des éléments qui déterminent le niveau d'ouverture d'une collectivité. La force, l'équilibre et l'avenir d'une société reposent en bonne partie sur son niveau d'ouverture. Plus cette société est ouverte, plus son avenir s'annonce prometteur. L'avenir du Québec, aux dires de plusieurs, stagne depuis quelques années déjà.

La société moderne dans laquelle nous vivons ne fait pas de cadeau et exige que l'on fasse preuve d'un minimum d'ouverture pour s'y adapter et l'apprécier. Plusieurs Québécois peinent à y trouver leur place et les deux tiers avouent qu'il est parfois difficile d'accepter la vie d'aujourd'hui telle qu'elle est. Il ne s'agit certes pas là d'un grand signe d'ouverture. Et ils sont conséquents, car la même proportion considère que la société d'aujourd'hui ne favorise pas l'atteinte du bonheur. Pas surprenant que plus du quart des Québécois avouent que s'ils avaient le choix, ils préféreraient vivre leur vie dans le passé plutôt qu'actuellement.

La capacité d'adaptation représente le quinzième des vingt-quatre facteurs d'influence du bonheur. Ainsi, plus les gens se referment et hésitent à s'ouvrir et à s'adapter aux nouvelles réalités, plus ils affichent un caractère chialeux, critique, et des idées dépassées. Moins ils sont heureux également. Ils ne regardent alors qu'en arrière, par leur rétroviseur. Le train passe sous leurs yeux et ils ne le voient même pas. Il en existe au Québec comme dans toutes les sociétés. Espérons que leur nombre et leur influence ne soient pas trop élevés.

L'ouverture exige un mélange de curiosité et de connaissance. Celle de tous les jours, de ce qui se passe ici et ailleurs, mais aussi celle avec un plus grand C, qui est plus académique. Les Québécois semblent avoir suffisamment de la première, mais moins de la deuxième. Alors que plus de la moitié d'entre eux se qualifient de personnes curieuses, constamment à l'affût des nouveautés et des nouvelles tendances, ils sont, à l'opposé, 40 % à avouer que leur manque de connaissances ou de compétences les restreint et hypothèque leur niveau de bonheur. Moins du quart des Québécois qualifient d'ailleurs leur soif d'apprendre «d'élevée». Ainsi on se dit curieux, mais on n'aime pas apprendre. Voilà un autre paradoxe dont les Québécois ont le secret. Rappelons que la connaissance représente le facteur d'influence de bonheur #18.

Près des deux tiers des Québécois interrogés qualifient de tolérante la société dans laquelle ils vivent. Pourtant, certains préjugés persistent. Ceux entourant les pauvres et les prestataires de l'Aide sociale sont sûrement les plus malsains et les plus solidement ancrés. Ainsi, la presque totalité de la population (87 %) surévalue la proportion de prestataires de l'Aide sociale qui abusent et exploitent le système. La moitié des Québécois croient que la proportion d'abuseurs est cinq fois plus élevée qu'elle ne l'est en réalité, alors qu'elle tournerait autour de 7 % selon le ministère du Travail et de la Solidarité

Sociale. Plus du tiers considèrent que la majorité des prestataires de l'Aide sociale sont des gens qui ne veulent pas travailler. Cette perception négative des « BS », comme on les appelle, constitue une véritable honte nationale. Difficile, dans ce contexte de désinformation, d'aborder et de discuter clairement et franchement d'une situation sociale sensible et délicate.

Le Québec est peut-être une société ouverte et tolérante, mais les Québécois sont nombreux à penser que leur société ne favorise pas la réalisation des rêves des plus jeunes. Une société dirigée par et pour les plus vieux correspond bien peu à la définition d'ouverture.

Au-delà du sol, de l'eau, de la forêt et du vent, la plus grande richesse d'un peuple réside dans les idées de ceux et celles qui la composent. Au Québec, plus de 80 % de la population considère qu'il est difficile de faire avancer ses idées ou ses projets. Cette difficulté est d'ailleurs mentionnée comme l'une des principales raisons pour lesquelles ils sont abandonnés, souvent dès leur gestation. Pour que les idées puissent germer, être acceptées, puis appliquées, la société doit afficher un minimum d'ouverture, d'audace et de détermination. Autrement, elle s'enfonce dans le *statu quo* et risque fort de péricliter.

La notion d'ouverture renvoie également à la question de l'immigration. Le Québec se trouve confronté à des choix de vie et de société. L'immigration s'avère une solution nécessaire, mais est-elle acceptée d'emblée ? Chose certaine, l'accroissement de l'immigration inquiète et bouscule un peu la belle tolérance que les Québécois aiment se reconnaître. Les signes ne mentent pas. Ainsi, un peu moins de la moitié des Québécois souhaiteraient que l'on resserre la vis en freinant l'immigration. Près du quart sont encore plus radicaux et aimeraient que le Canada ferme ses frontières aux immigrants.

Les tensions raciales demeurent un sujet très préoccupant pour 35 % des Québécois. Certains groupes ethniques n'inspirent visiblement pas confiance aux Québécois. C'est le cas des personnes provenant des pays arabes. Appelés à se prononcer sur le groupe ethnique qui leur inspirait le plus confiance entre ceux provenant des pays asiatiques, arabes, africains et latino-américains, les Québécois n'allouent que 3 % à ceux provenant des pays arabes. D'ailleurs, 35 % des personnes interrogées considèrent que l'islam est une religion radicale qui prône la violence. Toujours dans la même enquête, les immigrants provenant des pays africains n'ont récolté qu'un maigre 6 % de mentions. Tout un contraste avec les immigrants des pays asiatiques qui récoltent cinq fois plus de mentions que ceux des deux précédents réunis. Précisons que 15 % des Québécois ont affirmé ne faire confiance à aucun de ces quatre groupes. Le degré d'acceptation des immigrants aurait-il un lien avec la religion ou la couleur de la peau ?

Le malaise ressenti par les Québécois face à l'immigration se fait sentir, ici et là, à travers des réponses à des questions souvent plus banales, moins directes. Appelés à énumérer les groupes d'individus les plus favorisés par la société, les québécois placent les immigrants en tête de liste (voir le tableau 10, en annexe). Le Québec est une société accueillante et les nouveaux immigrants reçoivent certes un traitement approprié, mais de là à prétendre qu'ils composent le groupe le plus favorisé de la population !!! Il s'agit d'avoir vécu le quotidien et la réalité d'un immigrant nouvellement arrivé pour réaliser que leur vie n'est pas nécessairement un cadeau et que la société ne leur en fait que très peu. L'attitude des Québécois relève-t-elle de l'ignorance ou de l'intolérance ? Sûrement d'un peu des deux à la fois. D'un certain manque d'ouverture, assurément.

L'immigration au Québec est concentrée à Montréal. Le visage de la métropole change radicalement et rapidement. Certains aiment, d'autres pas. Les francophones ne sont plus majoritaires sur l'île. Montréal devient de plus en plus une société distincte par rapport au reste de la province et l'immigration n'est pas sans contribuer à cet état de fait. Pourquoi alors ne pas diriger un certain pourcentage des immigrants vers les régions ? Statistique Canada confirme que ceux et celles qui s'installent en région s'adaptent plus facilement, plus rapidement, et le font en français. Cette proposition hypothétique, mais déjà débattue, semble plaire aux Québécois qui sont plus nombreux à l'approuver qu'à la réprouver.

Les Québécois, malgré tout, affichent une ouverture certaine et un bon niveau de tolérance, mais comme pour toute chose avec eux, il faut y aller doucement, progressivement. Il faut la travailler, cette ouverture. Une bouchée à la fois et pas trop piquante, s'il vous plaît. Une meilleure répartition des nouveaux immigrants dans les régions, c'est un peu la bouchée pas trop piquante qui, une fois avalée, leur en fait demander une deuxième.

En 1978, Jacques Bouchard avait signalé la xénophobie comme l'une des trente-six cordes sensibles des Québécois. Trente ans plus tard, on ne saurait l'affirmer aussi catégoriquement, mais certains relents demeurent perceptibles. Un peu ironique, lorsqu'on constate que l'ouverture sur les autres et sur le monde apparaît en quatrième position de ce que les Québécois aiment le plus du Québec et d'eux-mêmes.

Le Québec, société ouverte ? Oui, mais pas autant qu'on aime le croire. L'appui à la peine de mort semble en progression. Près d'un Québécois sur trois se dit en faveur. Mais cet appui à la peine de mort devient presque majoritaire lorsqu'on y ajoute un élément émotif. Ainsi, si un de leurs proches (enfant, parent, frère, sœur, conjoint) était sauvagement assassiné, près de 20 % des Québécois qui s'affichent contre la peine de mort changeraient d'opinion.

L'ouverture a un sens effectivement large. Difficile et délicat de déterminer le degré d'ouverture de la société québécoise. À n'en pas douter, c'est une notion dans laquelle chacun peut facilement se perdre.

11
LA POLITIQUE

Les cinq prochains traits qui seront abordés dans cet essai sont au cœur de ce qui définit actuellement le climat et la dynamique sociale québécoise. Ces cinq traits correspondent aux cinq grands pouvoirs : politique, médiatique, syndical, judiciaire et religieux. Le plus grand malaise, le plus triste également, sera de constater à quel point le bris de confiance entre les Québécois et les pouvoirs qui les dirigent, les influencent et les représentent, est grand. Un immense fossé. Une véritable calamité et tout un chantier à reconstruire. Et ce bris de confiance ne date pas d'hier. Il est toujours provoqué par de l'abus qui s'est étiré au-delà de la décence. Par un manque de respect aussi. L'absence d'humilité sans doute.

La confiance d'une population envers les différents pouvoirs est d'une importance capitale dans toute dynamique sociale saine. Sans confiance minimale, il n'y a plus rien qui vaille. Aucun projet, aucune mobilisation. L'individualisme et la suspicion règnent alors. Chacun se replie sur son nombril, vers lequel tout converge. Ne l'oublions pas, trois Québécois sur quatre s'évaluent plus individualistes qu'avant.

Ce bris de confiance envers les différents pouvoirs fait glisser le Québec, lentement mais sûrement, vers une dérive démocratique. Aucun leader n'obtient suffisamment de confiance pour assumer le pouvoir qu'il exerce. De surcroît, un Québécois sur cinq (et un homme sur quatre) croit que le rôle des gouvernements perdra en importance dans les prochaines années, ce qui n'est pas sans ouvrir la porte à des intérêts particuliers qui ne seront pas nécessairement les mêmes que ceux de la collectivité.

Appelés à choisir un leader québécois, peu importe son domaine de compétence et d'activité, près de la moitié des Québécois (42 %) ont été incapables d'inscrire ne serait-ce qu'un seul nom. La plupart prenaient même la peine de mentionner « aucun[2] ».

Si la rupture de confiance est totale, elle est incroyablement profonde envers les politiciens. D'un avocat, journaliste, dirigeant d'entreprise ou dirigeant syndical, le politicien ne reçoit qu'un pour cent de vote de confiance. On aurait pu penser que le simple fait de reconnaître le degré de difficulté et le niveau d'exigence associés au métier de politicien aurait pu adoucir le jugement des Québécois face à ces derniers, mais tel n'est pas le cas. À peine 10 % des Québécois considèrent que les politiciens sont majoritairement compétents. La même proportion prétend exactement le contraire. Pour la très vaste majorité, il y a autant d'incompétents que de compétents.

Parmi douze éléments caractérisant le Québec et soumis par l'IRB, la politique québécoise apparaît comme le pire de tous, celui dont les Québécois sont le moins fiers. Rien de bien surprenant, mais fort désolant. Pour la majorité des Québécois, les politiciens ne cherchent qu'à se faire réélire. Ils se contentent de gérer la province comme plusieurs gèrent leur

---

2. Cette question en était une de type « ouverte », c'est-à-dire que les répondants n'avaient pas à cocher de noms sur une liste soumise, mais devaient d'eux-mêmes en inscrire un ou deux.

budget, sans trop de vision, sans plan, sans objectif sur ce que cette société sera dans quinze, vingt ou trente ans. Dans ce contexte, il s'avère presque surprenant d'apprendre qu'une carrière en politique active, qu'elle se passe au niveau municipal, provincial ou fédéral, ou une implication bénévole dans un mouvement ou une formation politique, intéresse encore 10 % des Québécois, particulièrement des hommes. Comme quoi l'attrait et la proximité du pouvoir constituent encore de puissants incitatifs.

La dynamique encadrant la politique actuelle paraît absurde pour une majorité de Québécois, et les politiciens semblent les seuls à ne pas le réaliser. Leur attitude est souvent jugée mesquine, partisane, intéressée et axée sur la confrontation, ce qui laisse au passage un goût très amer dans la bouche des Québécois pour la politique dans son ensemble. Les débats s'abreuvent davantage à la démagogie et à la partisanerie qu'au bon raisonnement et à l'intérêt commun.

Au Québec comme ailleurs, il semble n'exister que deux catégories de politiciens : les gagnants et les perdants. Ceux qui ont tort et ceux qui ont raison. Ceux qui sont pour, ceux qui sont contre. Cette volonté de toujours vouloir opposer un courant négatif à un courant positif ne génère qu'une dynamique destructrice qui sépare au lieu d'unir, qui éloigne au lieu de rapprocher. Et personne ne veut se retrouver du côté des perdants. La politique du « win/win » semble remplacée par celle du « lose/lose ». Un regard froid et objectif sur les dernières années permet de constater que cette dynamique démagogique ne génère rien de bon, et les Québécois risquent fort de se demander, dans quelques années, pourquoi le Québec n'a pas progressé.

Ce n'est certes pas la meilleure attitude à adopter pour retrouver un minimum de confiance au sein d'une population québécoise désabusée. Mais il serait trop facile d'imputer la responsabilité de ce gâchis aux politiciens seuls. Toutes les autres formes de pouvoir ont leur part de responsabilité, les médias principalement. Eux aussi, nous le verrons dans le chapitre suivant, n'ont plus la cote ni la confiance qu'ils ont déjà eue auprès des Québécois.

Mais au-delà de cette absence de confiance et de ce jugement sévère et tranchant à l'égard de leurs dirigeants, comment se comportent les Québécois d'un point de vue politique ? Rappelons que la politique québécoise est encore et d'abord une affaire d'hommes, même si de nombreuses figures féminines émergent. La politique semble intégrée dans les gènes des hommes. Ils sont plus nombreux à voter, plus nombreux aussi à le faire par intérêt partisan ou par affiliation à un parti politique que par simple devoir citoyen. Ils sont également deux fois plus nombreux que les femmes à se dire fortement intéressés par la politique et quatre fois plus nombreux à envisager de se lancer dans une carrière en politique active. À l'opposé, les femmes sont trois fois plus nombreuses que les hommes à avouer qu'elles n'ont que peu ou pas d'intérêt pour la politique. Pas surprenant qu'elles soient également trois fois plus nombreuses que les hommes à ne pouvoir se situer sur l'échiquier politique (gauche, centre ou droite).

Cet intérêt naturel des hommes pour la politique, combiné à celui plus mitigé des femmes, n'est pas sans expliquer et justifier le manque d'équité et de représentativité des femmes dans l'arène politique. On ne peut quand même pas les y obliger, même si leur apport pourrait constituer l'un des plus importants éléments de changement.

Les Québécois, c'est connu, sont plus nombreux à s'estimer davantage de gauche que de droite, mais leurs comportements les trahissent parfois. Leurs positions, en ce qui a trait aux grandes questions politiques et sociales, se situent parfois à l'opposé de leurs prétentions. Ces écarts ajoutent à la difficulté de rassembler tout le monde derrière certaines propositions communes. Les quelques exemples qui suivent permettent de mieux comprendre où se situent les gauchistes et les droitistes et de se faire une idée plus précise sur son propre positionnement politique. Ce n'est pas une boussole, mais un petit guide.

Ainsi, les Québécois qui se disent de gauche sont presque trois fois plus nombreux que ceux de droite à penser que l'on pourra maintenir encore longtemps le système de santé public gratuit pour tous. À l'opposé, les gens de droite sont trois fois plus nombreux à se montrer disposés à payer 30 $ pour une visite à l'urgence.

Les gens de droite seraient deux fois plus nombreux que ceux de gauche à vouloir accorder un crédit d'impôt aux personnes en fonction de leur bilan de santé (meilleur étant ce bilan, plus important étant le crédit d'impôt).

Les gens de droite sont deux fois plus nombreux que ceux de gauche à se dire fortement préoccupés par la dette de cent quatre-vingt-cinq milliards de dollars du Québec.

Pour réduire cette dette, cependant, les gens de gauche sont deux fois plus nombreux que ceux de droite à favoriser une contribution spéciale annuelle de chacun des citoyens en fonction de leurs revenus. De leur côté, les Québécois de droite sont deux fois plus nombreux à vouloir diminuer la dette en rendant payants la plupart des services gouvernementaux, quitte à réduire l'étendue et la couverture de ces dits services.

Les gens de droite sont trois fois plus nombreux que ceux de gauche à penser que les étudiants universitaires sont gâtés, bien chanceux et qu'ils se plaignent pour rien. Ceux de droite sont également quatre fois plus nombreux que ceux de gauche à vouloir que les frais de scolarité soient augmentés substantiellement.

Depuis la crise financière de 2009, les gens de droite sont deux fois plus nombreux que ceux de gauche à prétendre que leur situation financière s'est améliorée. Ils sont aussi deux fois moins nombreux que ceux de gauche à croire que les générations futures pourront bénéficier des mêmes avantages que ceux dont ils jouissent actuellement.

Finalement, les gens de gauche sont deux fois plus nombreux que ceux de droite à considérer que les valeurs que chérissent les Québécois sont principalement collectives plutôt qu'individuelles.

On peut facilement extrapoler en appliquant la philosophie de ces deux approches à n'importe quelle question sociale ou politique. Vous saurez ainsi plus facilement distinguer votre gauche de votre droite. Idéalisme, collectivisme et un peu de naïveté d'un côté. Pragmatisme, individualisme et un peu de cynisme de l'autre. Et s'il vous arrive de vous retrouver parfois « écartillé » entre un côté et l'autre, ne paniquez pas. Vous n'êtes pas seul.

12
LES MÉDIAS

Lorsque l'IRB a demandé aux Québécois d'identifier quel groupe possédait le plus d'impact et d'influence sur la société, ils ont été deux fois plus nombreux à pointer les médias que les gouvernements. Depuis quelques années déjà, les médias sont en effet devenus, au Québec, le premier pouvoir, celui avec le plus de force. Biens sûr, les médias ne votent pas les lois, mais ils les influencent fortement.

Mais ce n'est pas parce qu'ils ont le plus de pouvoir et d'impact que les médias s'élèvent au-dessus de la critique, critique dont ils s'offusquent d'ailleurs facilement. La crédibilité et la confiance qu'on leur accorde sont parmi les plus faibles. Sur la liste des douze professionnels auxquels les Québécois accordent le plus de crédibilité et de confiance, les journalistes apparaissent au neuvième rang et les animateurs radio au onzième. Même les prêtres (au septième rang) et les avocats (au huitième rang) les devancent. Il n'y a que les dirigeants d'entreprises (au dixième rang) et les financiers (au douzième rang) qui les suivent, ces derniers ayant été bien malmenés ces dernières années. À l'instar des politiciens, les journalistes et les médias sont loin d'obtenir le niveau de confiance de la population pour assumer le pouvoir qu'ils exercent.

Sur une liste de douze éléments permettant d'apprécier la société québécoise, l'univers des médias arrive au onzième rang, tout juste devant la politique. Plus on est jeune, moins on apprécie l'univers des médias. Acharnement médiatique (on ne compte plus les exemples), vision étroite, sensationnalisme, traitement superficiel et biaisé de la nouvelle, course effrénée aux cotes d'écoute et aux revenus publicitaires, concentration abusive et contrôle de l'information, composent une mixture qui ne semble pas toujours appétissante. Les médias se croiraient-ils tout permis et au-dessus de la mêlée? Possible, pour ne pas dire probable. Les médias semblent avoir bien compris le phénomène de la fréquence et surtout, son impact et son efficacité pour faire passer leur message et influencer les opinions. Ils imitent de plus en plus leurs cousins publicitaires, qui manipulent comme eux les comportements mais au moins ne s'en cachent pas.

Les entreprises mères des médias, pour la majorité cotées en Bourse, cherchent la rentabilité à tout prix. Elles s'alimentent et se nourrissent de la controverse. Si cette dernière n'existe pas, elles n'hésiteront pas à la créer. Les perceptions vont ainsi de pair. Pour les deux tiers des Québécois, les nouvelles et les informations sont devenues carrément des produits de consommation de masse. Seulement 3 % ne sont pas de cet avis. Dans ce contexte, pas surprenant d'apprendre que seulement le tiers de la population québécoise accorde une forte crédibilité aux différentes nouvelles diffusées dans les médias. La moitié des Québécois considèrent que les médias ne leur disent que ce qui fait bien leur affaire alors que 13 % pensent qu'ils manipulent sciemment l'opinion publique.

Le jugement des Québécois envers les journalistes et les médias est sans pitié, presque aussi tranchant et sévère que celui qu'ils portent sur les politiciens. Les deux tiers des Québécois s'accordent pour dire que les faits sont dénaturés par les journalistes, qui ne cherchent qu'à présenter le côté sensationnel de la nouvelle. À peine 4 % des gens n'adhèrent pas à cette affirmation.

La concentration des médias ainsi que la convergence de l'information expliquent-elles en partie le bris de confiance observé envers les médias ? On ne peut l'affirmer clairement. Toutefois, près de la moitié des Québécois s'en inquiètent et davantage croient que d'ici trois à cinq ans, ils ne seront plus que deux ou trois entreprises à contrôler l'information.

Dans ce contexte où les médias en mènent large, plusieurs hésitent à s'impliquer dans la politique active. Qui souhaite voir sa vie étalée au grand jour ? Qui aime que la vérité et les faits soient souvent déformés au profit d'intérêts particuliers ? La politique serait-elle devenue moribonde, entre autres, parce que certains journalistes se comportent en voyous sans scrupules ? Ils se cacheront, comme toujours, derrière le droit du public à l'information et se présenteront comme les sauveurs de la démocratie, mais au regard des données recueillies, les médias semblent autant la desservir que la servir.

La démocratie ne se résume pas qu'à la politique. Elle doit aussi exprimer la force des liens qui doivent exister entre les différentes formes de pouvoir et la population pour laquelle cette démocratie s'exerce. Là encore, une confiance minimale doit exister pour soutenir ce lien, sans quoi la démocratie n'a de démocratique que le nom.

Il est inquiétant de constater que le premier pouvoir (celui des médias) bénéficie d'aussi peu de crédibilité. Le bris de confiance évoqué dans le chapitre précédent n'affecte pas que la politique, mais s'étend également au domaine médiatique. Cette rupture se fait de plus en plus sentir et explique en bonne partie l'individualisme, le cynisme et un certain négativisme des Québécois. Leur détachement face aux grands enjeux de société y est en partie relié. Il paraît évident et il le sera encore davantage au fil des chapitres suivants, qu'une introspection majeure doit avoir lieu au Québec.

En 2012, quelles sont les habitudes des Québécois en matière de consommation d'informations ? Il semble que l'on se dirige tout droit vers un écran unique, d'où nous parviendront toutes les informations. Quelle forme prendra cet écran ? L'avenir nous le dira, mais la moitié des Québécois (et presque trois hommes sur quatre) affirment que très bientôt, Internet sera probablement leur principale, voire leur seule source d'information pour connaître tout ce qui se passe ici et ailleurs dans le monde. Il devient d'ailleurs difficile de douter de cette tendance lorsqu'on apprend que le temps moyen passé chaque jour sur Internet, en dehors de son temps de travail, était de deux heures et trente-huit minutes au début de 2011.

Les patrons des grands groupes médias s'arrachent les cheveux pour trouver le moyen de prolonger la vie et surtout la rentabilité des médias traditionnels, même si plusieurs se meurent. Certains plus rapidement que d'autres. La principale source d'information pour connaître les nouvelles demeure la télévision, mais c'est maintenant moins d'un Québécois sur deux qui opte pour ce média. La télévision est talonnée de près par les sites d'information. Au moment de la parution de cet ouvrage, ces derniers lui auront possiblement déjà ravi la couronne.

Pour connaître les nouvelles, seuls 12 % des Québécois se tournent principalement vers les journaux papier. Cette donnée explique à elle seule les difficultés des médias papier et rien n'indique que cette tendance baissière a atteint son plancher. Les bulletins radio ont même légèrement pris l'avantage sur les journaux comme principale source d'information des Québécois. Il semble qu'il soit nettement plus facile d'écouter et de visionner que de lire.

En fait, l'attrait des médias traditionnels persiste davantage auprès des femmes, des personnes plus âgées, plus faiblement scolarisées ou vivant en milieu rural. Pour tous les autres segments, l'érosion est solide et rapide.

Et qu'en est-il de Radio-Canada, notre bien-aimée société d'État ? Les Québécois semblent divisés en deux clans : ceux qui aiment la SRC et ne jurent que par elle et ceux qui la détestent souverainement et ne cessent de la critiquer. Son financement public est toujours et systématiquement remis en cause. Plusieurs l'accusent de jouer sur tous les tableaux en acceptant des revenus publicitaires en plus de recevoir un financement de l'État. D'autres réclament à grands cris un financement plus adéquat lui permettant de maintenir et de poursuivre sa mission qui se résume à trois mots : informer, éclairer et divertir.

Les Québécois sont plus nombreux à souhaiter que Radio-Canada maintienne la diffusion de publicité à la télévision que ceux qui souhaitent sa suppression. L'attachement des Québécois à la SRC est ambivalent. Ils l'aiment, mais jusqu'où seraient-ils prêts à aller pour la sauvegarder et la maintenir bien vivante ? C'est presque toujours lorsqu'on demande aux gens de mettre la main à la poche que l'on peut le mieux évaluer l'attachement ou l'adhésion à une cause. L'IRB l'a donc demandé. Dans les faits, 22 % des Québécois seraient disposés à faire un don et consentiraient à une contribution volontaire pour la sauvegarde et le maintien de la SRC. Mais attention. On ne parle ici que d'intentions. Par ailleurs, les trois quarts ne seraient pas disposés à verser une seule cenne à la SRC. Ainsi, en transformant les intentions en dons réels (selon certains calculs convenus) et en statuant sur un montant moyen consenti, une campagne de financement pourrait générer, au mieux, vingt-cinq millions de dollars pour le Québec. Ce montant représente environ 10 % du financement public de la partie française de la SRC. Avis aux intéressés.

13
LES SYNDICATS

Il est probablement normal qu'une population juge durement ses leaders. Cette sévérité et ces critiques, on peut le penser, agissent parfois comme des mécanismes de défense face à un pouvoir dont elle se sent exclue. Ce jugement sévère permet aussi, à n'en pas douter, de rappeler aux leaders que les Québécois ne sont pas des valises et que personne n'a carte blanche. Mais il y a des jugements qui paraissent si sévères et tranchants qu'ils dépassent le cadre normal des critiques et sonnent en quelque sorte l'alarme. C'est précisément ce qui arrive avec les syndicats.

La perception qu'ont les Québécois de leurs syndicats est tellement mauvaise que ce n'est pas une gifle au visage que ces derniers reçoivent, mais une droite en plein front. Les syndicats, au rythme où vont les choses, semblent même en train de perdre leur légitimité. À peine plus du tiers des Québécois affirment, qu'encore aujourd'hui, les syndicats représentent un solide rempart contre les abus patronaux, qu'ils s'avèrent toujours essentiels dans la démocratie et l'équilibre social. Ce fait est franchement inquiétant.

Les données recueillies par l'IRB sur notre perception des syndicats ne peuvent conduire qu'à un constat d'échec. La confiance, c'est bien connu, est quelque chose qui se mérite. Eh bien, pour la mériter de nouveau, les représentants syndicaux ont un immense travail à faire. S'ils étaient sur les bancs d'école, ils échoueraient tous. Aucun groupe ou segment de la société ne leur accorde la note de passage. Appelés à évaluer leur niveau de confiance sur 100, les Québécois n'octroient qu'une note moyenne de 50,6 aux dirigeants syndicaux. Cette note atteint même un plancher de 40 chez les personnes affichant les plus hauts revenus et n'est guère plus élevée chez les hommes, ainsi que chez les personnes appartenant à la génération X. Pire encore, les dirigeants syndicaux n'obtiennent même pas la note de passage auprès de leurs propres membres (58,2)! C'est tout dire.

Les prochaines données ressembleront à une véritable séance de torture pour le syndicaliste qui sommeille peut-être en vous. L'idée n'est pas de tourner inutilement le fer dans la plaie, mais de bien illustrer la situation actuelle.

Les Québécois sont trois fois plus nombreux à penser que les syndicats ont tendance à niveler vers le bas que ceux qui n'adhèrent pas à cette idée. Ils sont le double à prétendre que les syndicats sont déconnectés de la réalité. Imaginez : les Québécois sont six fois plus nombreux à penser que les syndicats protègent trop les incompétents et les paresseux et presque le triple à considérer qu'ils exagèrent dans leurs revendications.

Les Québécois sont deux fois plus nombreux à penser que les syndicats réduisent les initiatives et freinent le dépassement. Même les employés syndiqués sont extrêmement sévères envers les syndicats. Dans ce contexte, personne ne sera surpris d'apprendre que plus d'un Québécois sur trois (39 %) considèrent que les syndicats sont devenus des boulets qui empêchent la société d'avancer, alors que seulement 18 % ne sont pas d'accord avec cette idée. Des données qui donnent froid dans le dos, d'autant plus que, encore une fois, les syndiqués eux-mêmes partagent ces opinions, même s'ils sont un peu moins tranchants dans leur jugement.

Le pouvoir syndical, tout comme les pouvoirs politique et médiatique, est en déroute et la toute première raison qui explique cet état de fait demeure la perte de confiance. Ainsi, la majorité des Québécois considèrent que les syndicats sont devenus des instruments politiques au service de leurs propres intérêts. Seulement 9 % rejettent cette idée.

Ces perceptions correspondent-elles ou non à la réalité? Ont-elles été alimentées? Peu importe. Les syndicats ont du travail à faire, une côte des plus abruptes à remonter. Leurs causes sont devenues des luttes de pouvoir autant que des combats de justice. Rappelons-nous un grand principe en communication: «La perception, c'est la réalité.» Parce que la réalité n'est faite que de perceptions. Celle des Québécois envers les syndicats est carrément négative, et ce, même si c'est au Québec que le taux de syndicalisation est le plus élevé en Amérique. D'ailleurs, il y a de nombreuses raisons historiques qui l'expliquent.

Les plus âgés se souviendront de l'époque où les chefs syndicaux québécois étaient des leaders engagés qui faisaient de la cause des travailleurs leur seule préoccupation. Dans la perception des gens du moins. Évidemment, autres époques, autres combats, mais qui oserait contester l'engagement et l'authenticité d'un Michel Chartrand, par exemple? On peut se questionner sur les méthodes de l'époque, mais aujourd'hui, plus d'un Québécois sur deux considèrent que les leaders syndicaux sont devenus de puissants gestionnaires, davantage préoccupés par la performance financière de leur syndicat et leur propre pouvoir politique que par le réel souci d'avancement de la société. D'ailleurs, dans le dernier palmarès des leaders de l'IRB, aucun chef syndical n'apparaissait parmi les trente noms mentionnés. L'ensemble des leaders syndicaux réunis n'accaparait que 0,3 % des mentions des répondants.

Le syndicalisme québécois, à l'image de l'ensemble de la société, souffre d'un criant manque de leadership. Appelés à se prononcer sur les personnes à qui ils font le plus confiance, les Québécois placent le leader syndical tout juste devant le politicien au dernier rang. Une fois de plus, il est frappant de voir qu'aucun leader n'obtient suffisamment de confiance pour légitimer le pouvoir qu'il exerce.

Il est probable que les Québécois fassent peu de distinctions entre l'attitude plus vindicative, les revendications et les problèmes largement médiatisés des grandes centrales syndicales, et l'action nécessaire, pointue et plus discrète, des plus petites organisations syndicales. Il demeure toutefois que dans l'ensemble, les syndicats ont manifestement un problème d'image majeur. Un *mea culpa* à faire aussi, un effort d'introspection. Plus les syndicats tarderont à le faire, plus ils perdront l'appui de la population, et même celui de leurs membres. Une telle perception devient souvent contagieuse, difficile à contrôler et encore plus difficile à modifier.

À peine 40 % des Québécois considèrent que les syndicats sont essentiels au bon fonctionnement de la société et à la défense des notions d'égalité, de justice, de partage et de solidarité. Plus des trois quarts pensent que leur pouvoir diminuera considérablement dans les prochaines années. Devant le manque de confiance exprimé par les Québécois, les syndicats et leurs dirigeants doivent se rapprocher des idéaux qui les ont fait naître et se présenter comme une solution plutôt qu'un problème. Ils en ont besoin, et la société tout entière aussi.

14
LA JUSTICE

Comme on l'a vu au premier chapitre, traitant de la personnalité, le Québécois est un être épris de justice, qui se distingue en tout premier lieu par l'importance accordée à l'honnêteté des gens. Comment alors perçoit-il le système de justice du Québec? Quel en est son niveau d'appréciation? Les réponses risquent d'en décevoir plusieurs.

Il ne semble pas exister de système de justice parfait, ni ici, ni ailleurs, l'Homme étant lui-même imparfait. Mais quel est alors le seuil d'acceptabilité, celui à partir duquel nous en sommes satisfaits malgré ses imperfections et ses défaillances? Si l'on se fie aux réponses données, notre évaluation du système de justice québécois se situe bien en dessous de ce seuil d'acceptabilité. Évidemment, ce qui paraît inacceptable pour certains devient parfois tout à fait convenable pour d'autres, mais l'idée ici n'est pas de comparer, mais d'évaluer, intrinsèquement.

Trois données particulièrement sévères renvoient une fois de plus à cette notion de confiance si grandement mise à mal. D'abord, ce n'est qu'un Québécois sur trois qui dit faire confiance au système judiciaire. Seulement un sur cinq considère que, au Québec, tout le monde est égal devant la justice.

À peine plus d'un répondant sur quatre croient que le système judiciaire est juste, équitable, démocratique et qu'il permet à chacun de se défendre devant la loi.

La mauvaise perception qu'ont les Québécois de leur système judiciaire provient de plusieurs sources. Mais la première, de toute évidence, est l'argent, et ce, peu importe l'angle sous lequel on la regarde. Est-il normal, dans une société pour laquelle la notion de justice constitue un fondement et un principe directeur, qu'à peine 15 % de la population prétende avoir les moyens financiers de se défendre devant la loi ? C'est pourtant une réalité au Québec, en 2012. Et pour appuyer cette donnée, mentionnons que plus de trois Québécois sur quatre considèrent que le système judiciaire permet trop souvent aux mieux nantis de s'en sortir. Ces perceptions sont-elles fondées ? Il y a, dit-on, rarement de fumée sans feu.

Bien que très peu de Québécois aient les moyens financiers d'utiliser le processus judiciaire pour se défendre ou faire valoir leurs droits, près du tiers des personnes interrogées ont quand même dû y avoir recours un jour. C'est donc dire qu'une proportion importante d'entre elles l'ont fait à leurs dépens. En s'endettant.

Si la majorité des utilisateurs du système judicaire s'en déclaraient totalement satisfaits, comme c'est le cas pour les utilisateurs du système de santé, la pilule serait moins difficile à avaler. Les Québécois pourraient alors se consoler. Mais ce n'est pas le cas, bien au contraire. Le slogan publicitaire « L'essayer, c'est l'adopter » ne cadre tout simplement pas avec l'appareil judiciaire québécois. Les personnes interrogées qui ont eu à utiliser celui-ci se montrent systématiquement plus tranchantes et acerbes dans leurs réponses.

Ce qui différencie le pouvoir judiciaire des autres formes de pouvoir, c'est l'espèce de résignation des Québécois face à une situation qu'ils déplorent, dénoncent, mais, au bout du compte, acceptent. Ils « font avec », comme si s'était une fatalité. Pour s'en convaincre, mentionnons que les deux tiers d'entre eux considèrent que le système judiciaire est tellement lourd et coûteux, ses procédures prennent tellement de temps, qu'il décourage un grand nombre d'y avoir recours. C'est sans doute ce qui explique que plus les personnes vieillissent, plus leur jugement est tranchant et résigné face au système judiciaire. L'optimisme et la confiance des jeunes envers la justice semblent s'éroder au fil des ans.

Peut-on se battre contre la justice? Peut-on remettre en cause le système judiciaire ou faut-il simplement le laisser s'enfoncer dans l'iniquité? La justice québécoise semble malheureusement avoir un visage, celui de l'élite et de l'argent. Notre système semble surtout profiter aux personnes qui savent l'exploiter et à celles qui ont les capacités financières de l'utiliser. Un système à deux, et même trois vitesses. Ainsi, plus leurs revenus sont élevés, plus les Québécois affirment avoir confiance en leur système judiciaire. Ceux-ci sont aussi plus nombreux à croire qu'au Québec, tout le monde est égal devant la loi.

La justice québécoise affiche également une dominante masculine. Les hommes sont deux fois plus nombreux que les femmes à prétendre avoir les moyens financiers de se défendre. Ils sont aussi deux fois plus nombreux qu'elles à avoir confiance dans le système judiciaire et à penser qu'au Québec, tout le monde est égal devant la loi. L'atteinte de l'équité entre les sexes reste assurément une démarche inachevée.

Le grand idéal de justice qui définit et anime les Québécois les amène aussi à considérer que cette justice fait preuve de mollesse au Québec. Ils sont la moitié à le penser et à affirmer qu'elle protège trop les coupables et pas assez les victimes.

On pourrait dire également que la perception que les Québécois ont du système de justice n'a d'égale que la perception des acteurs qui le représentent. Dans les diverses questions portant sur le niveau de confiance, les avocats se maintiennent toujours dans les positions de queue, côtoyant les politiciens, les syndicalistes, les prêtres et, plus récemment, les journalistes.

On peut toujours se targuer d'avoir, malgré tout, malgré la dynamique même de la justice et de ses différentes composantes, un bon système. Il n'en demeure pas moins que ce système comporte de très sérieux irritants. Une société évoluée comme le Québec peut-elle accepter de tels écarts, de telles inégalités? La justice est complexe, convenons-en. Elle réfère à un Code civil que seuls quelques initiés connaissent, ce qui, du coup, exclut les 99% restants. Ajoutez son décorum, ses procédures et son vocabulaire particuliers et vous avez tous les ingrédients pour que la justice apparaisse inattaquable et inaccessible, comme une sorte de monstre que les Québécois n'ont pas le courage d'affronter ou de contester. Ils s'y conforment. Leur attitude est compréhensible, mais leurs perceptions incitent à une révision du système afin de le rendre beaucoup plus accessible, et ce, sur tous les plans.

15
LA RELIGION

Nous voici maintenant rendus au cinquième pouvoir : le religieux. C'est assurément le premier avec lequel la rupture de confiance des Québécois s'est produite. Et comment ! On se rappellera qu'il y a eu des abus pendant plus de deux siècles. Le phénomène de l'élastique, tout le monde connaît. Plus il est étiré, plus violente est la rupture.

La cassure avec l'Église catholique est maintenant bien assumée par les Québécois qui découvrent, encore aujourd'hui, les abus dont ils ont été victimes. Le passé pèse très lourd sur les épaules de l'Église catholique. Son caractère doctrinaire, autoritaire, abusif et fermé a contribué à maintenir les francophones sous son joug pendant de nombreuses années. Cette emprise d'antan se retourne aujourd'hui contre l'Église catholique. La scission, profonde, rend le retour du balancier improbable, voire même impossible.

Cette cassure datant de quelques décennies déjà, son impact sur la société d'aujourd'hui apparaît de manière moins évidente que le bris de confiance des Québécois envers les autres formes de pouvoir. Cependant, cette rupture illustre à son tour la méfiance générale de la population et l'espèce de vide qui sépare les Québécois des différents pouvoirs qui les dirigent.

La croyance en Dieu s'est évaporée au passage. À peine plus de la moitié des gens interrogés se disent croyants et seulement 7 % d'entre eux sont pratiquants. Le profil des croyants, on s'en doute, est plus traditionnel et trouve plus d'adeptes en région, auprès des femmes, des personnes plus âgées, celles provenant de familles plus nombreuses et affichant des revenus ainsi qu'un niveau de scolarité plus faibles. Les transformations d'églises en condos ne sont donc pas terminées. L'avenir de l'Église catholique au Québec ressemble à un cul-de-sac. Les personnes plus âgées, plus pratiquantes, laisseront progressivement leur place aux plus jeunes qui, de tous les groupes d'âge, sont les moins croyants et les moins pratiquants.

Interrogés sur les sentiments qu'ils entretiennent envers l'Église catholique, les Québécois ne font pas dans la dentelle. La méfiance, l'amertume et l'hostilité sont les trois sentiments qui traduisent la pensée de plus de la moitié d'entre eux. En ajoutant l'indifférence, sentiment souvent pire que les trois précédents, ce sont les trois quarts des Québécois qui entretiennent une relation négative envers l'Église catholique. Dans un tel contexte, demander pardon pour les fautes et les abus commis ne semble pas suffisant. L'Église catholique doit le penser réellement et revenir à la base de ce qu'elle prône, l'humilité, la charité et le partage.

Les positions de l'Église catholique font presque toujours grincer des dents tellement elles semblent loin de la réalité d'aujourd'hui. Comme une institution déconnectée, qui rame à contre-courant et reste figée dans le passé. L'interdiction quasi absolue de la contraception est le dogme qui irrite le plus les Québécois. Alors que les sociétés laïques investissent des sommes considérables pour sensibiliser les populations à l'importance des relations sexuelles protégées, l'Église ferme les yeux sur la question. C'est qu'elle ne peut pas tolérer ou admettre implicitement un geste qu'elle désapprouve : les relations sexuelles hors mariage.

Après la réprobation de la contraception, la condamnation de l'homosexualité occupe la deuxième position des dogmes établis par l'Église catholique que les Québécois rejettent. Elle est suivie par le refus du droit à l'avortement. Si l'Église catholique se montre désormais beaucoup plus discrète au Québec, elle ne se gêne pas pour affirmer ses positions dans plusieurs pays en voie de développement. Cela donne à penser, une fois de plus, qu'elle n'a pas vraiment changé, qu'elle demeure hermétique à tout changement et se cantonne dans le passé.

Pour la très grande majorité des Québécois, la contraception, l'homosexualité et l'avortement sont des réalités qui sont acceptées et intégrées dans la dynamique sociale. Chacun est libre de penser ce qu'il veut, d'agir comme il l'entend, et ces sujets ne sont plus tabous depuis déjà plusieurs années.

Mais c'est sans doute durant la période des Fêtes que le déclin de l'Église catholique et la défection de la part des Québécois s'avèrent le plus manifestes. Le temps des Fêtes est d'abord perçu comme une fête familiale, ensuite commerciale et, finalement, religieuse. D'ailleurs, plus de 60 % des Québécois ne vont plus à la messe de Noël. Et parmi ceux et celles qui y assistent encore, plus de la moitié le font davantage par soumission à une pression sociale ou parentale que par croyance.

Le tiers des Québécois considèrent que la tradition des Fêtes n'est plus du tout ce qu'elle était, alors qu'un autre tiers va même jusqu'à dire que cette tradition a vendu son âme au commerce. Pas surprenant de constater que le premier souci des Québécois concernant Noël est celui de ne pas trop dépenser.

Pour bon nombre de Québécois, l'Église catholique n'a finalement que ce qu'elle mérite. Pendant des années, elle a agi en opposition avec les valeurs qu'elle véhicule. Elle s'est comportée comme n'importe quel groupe en situation de pouvoir : elle a utilisé tous les moyens possibles pour le conserver et l'imposer.

Cet examen de la religion met fin aux chapitres traitant des cinq grands pouvoirs. Une analyse tranchante ainsi qu'un jugement sévère, certes, mais très fidèle aux opinions exprimées par les Québécois. La pire attitude des personnes assumant ces pouvoirs serait d'ignorer ou de banaliser ce regard critique et de poursuivre dans le déni ou, pire encore, dans le je-m'en-foutisme.

16
LA SOLIDARITÉ

La solidarité québécoise serait-elle un autre mythe que les Québécois aiment entretenir ? On leur a tellement dit qu'ils formaient une société solidaire qu'ils ont fini par y croire.

Imaginez : plus de la moitié des Québécois affirment que la volonté de changer des choses autour d'eux et d'améliorer leur sort et celui d'autrui est un élément qui les caractérise et les distingue. Ouf! Désolé, mais cette donnée constitue probablement une belle petite menterie statistique. De nombreux exemples prouvent le contraire.

Les Québécois ne sont pas à un paradoxe près. Ils ont sûrement pris leurs désirs pour des réalités, ou mêlé leurs intentions avec leurs actions. Il s'agit sans doute d'une manière de se donner bonne conscience et d'étouffer dans l'œuf tout sentiment de culpabilité. Il est difficile de croire en cette volonté de changer les choses et d'améliorer le sort d'autrui lorsque l'on sait que l'individualisme règne chez nous en maître absolu. Pour s'en convaincre, mentionnons que les trois quarts des Québécois affirment que les valeurs qu'ils chérissent en 2012 sont principalement individuelles. À l'opposé, un maigre 8 % considèrent qu'ils sont solidaires et partagent les mêmes valeurs collectives. Avec de telles données et de tels aveux, on peut mettre en doute la solidarité des Québécois et leur volonté d'améliorer le sort d'autrui. Le contraire apparaît nettement plus évident. Les valeurs et les intérêts collectifs semblent appartenir au passé...

On dit souvent que la mobilisation est le ciment de la solidarité. Au Québec, le ciment est craquelé. En 2007, seulement 10 % des Québécois considéraient le peuple comme le groupe ayant le plus de pouvoir et d'impact dans la société, bien loin derrière les médias, les gouvernements et les corporations. En 2012, à peine plus du tiers des Québécois croient encore possible que la population puisse, le cas échéant, se mobiliser, se regrouper, faire front commun et manifester, afin de faire pression sur le gouvernement pour qu'il change une décision impopulaire et/ou injuste. L'une des seules forces d'un peuple réside dans sa capacité à se mobiliser et cette force semble plutôt faible au Québec. D'ailleurs, ce n'est qu'un Québécois sur quatre qui croit que les soulèvements de masse et les contestations populaires qui secouent le monde arabe depuis le début de l'année 2011 puissent se produire ici. Les Québécois ont trop à perdre. Ils sont trop attachés à leur confort et leurs acquis pour risquer, ne serait-ce qu'un peu, de les compromettre. C'est simple, ils sont 79 % à considérer leur vie actuelle confortable, voire même très confortable.

Gardons-nous toutefois une petite réserve. Les changements s'opèrent à la vitesse grand V. Les prédictions d'aujourd'hui peuvent paraître totalement désuètes demain. On ne fait que commencer à ressentir l'impact des nouvelles plateformes de communication, à saisir leur pouvoir ainsi que leur capacité à mobiliser des masses impressionnantes partout à travers le monde.

Le mouvement étudiant s'opposant à la hausse radicale des frais de scolarité nous donne une belle preuve et constitue un brillant exemple de la force de ce pouvoir naissant. Il pave la voie à d'autres mobilisations collectives. L'opposition de la population à l'exploitation des gaz de schiste est un autre bel exemple de solidarité, différent, qui a récemment fait reculer le gouvernement québécois. Ces mobilisations sensibiliseront sans doute la société à la force du pouvoir populaire et à l'effet de la solidarité sur nos dirigeants. D'autres manifestations, ici et ailleurs, prennent forme régulièrement et tentent de renverser les décisions prises unilatéralement, sans autres préoccupations que celles économiques et financières. C'est le cas du projet Keystone. Ce pipeline prenant sa source dans les sables bitumineux de l'Alberta doit traverser la majeure partie des États-Unis en empruntant des zones écologiques sensibles. Le parcours initial de ce pipeline a soulevé de multiples controverses et a incité les populations concernées à se mobiliser, ce qui a permis de remettre en question et même de repousser la mise en œuvre de ce projet.

D'autres suggéreront que la Marche bleue sur les Plaines d'Abraham pour appuyer le retour des Nordiques de Québec dans la Ligue nationale de hockey représente un bel exemple de solidarité québécoise. Cette marche, n'en déplaise aux organisateurs, ressemblait davantage à une vaste opération de promotion appuyée par un renfort médiatique et journalistique imposant.

La solidarité, c'est bien plus que de déambuler sur les Plaines avec son t-shirt bleu et la musique à tue-tête. C'est aussi et surtout contribuer concrètement, souvent en puisant là où ça fait le plus mal, c'est-à-dire dans nos poches. Les Québécois veulent les Nordiques comme un petit gars veut son camion Tonka, mais près de trois sur quatre d'entre eux refuseraient catégoriquement de contribuer financièrement à l'érection d'un amphithéâtre. Et pour les autres, c'est-à-dire ceux qui consentiraient à un don, quelle proportion de ces intentions vertueuses se transformeraient en don concret ?

La solidarité des Québécois est latente. Elle hiberne et attend qu'on lui donne l'occasion de se manifester. Que des leaders se lèvent et s'affirment! Cet avènement ne sera probablement pas pour demain. Une faible minorité des personnes interrogées croient à l'émergence possible de leaders. Parallèlement, la presque totalité des Québécois considèrent que les gouvernements n'ont aucun projet rassembleur et mobilisateur à proposer. Plus des trois quarts affirment qu'il n'existe actuellement aucun projet de société porteur, aucune vision claire de ce que sera le Québec dans quinze, vingt ou trente ans. Pas simple, dans un tel contexte, de faire germer la graine de la solidarité. Beaucoup plus facile de cultiver l'individualisme.

Cette solidarité s'avère essentielle pour qu'une société soit allumée, impliquée et en santé. Malheureusement, nos leaders politiques semblent beaucoup moins sensibles aux récriminations de la population que le sont les présidents de compagnies envers celles des consommateurs.

En attendant ce regain de solidarité et ce dynamisme collectif, les Québécois se cantonnent dans leurs propre univers, se concentrent sur leur nombril, la solidarité n'étant présentement qu'une vague intention, souvent bien loin de l'action. En fait, les Québécois sont solidaires jusqu'à ce qu'on leur demande de sortir quelques dollars de leur portefeuille.

Confrontés à une série de propositions, les Québécois se montrent parfois de glace. Ainsi, ils ont démontré une nette résistance à l'idée que des baisses d'impôts soient consenties en fonction de l'implication sociale de chacun (bénévolat, aide aux plus démunis, aidants naturels, etc.). Seulement 14 % s'y montrent favorables, les personnes avec les revenus les plus élevés s'affichant comme les plus fortement en désaccord avec cette mesure.

Les Québécois apprécient au plus haut point le travail des différents organismes communautaires et de défense des plus démunis. Ainsi, 90 % d'entre eux les qualifient d'utiles, d'essentiels et même de vitaux. Plus des deux tiers considèrent que ces organismes sont peu supportés et sous-financés, mais se braquent lorsqu'on leur demande de contribuer, à hauteur de 100 $ annuellement, à ce financement. Les plus allergiques à cette mesure sont, encore une fois, les personnes qui affichent les plus hauts revenus.

Les Québécois sont fortement majoritaires à ne pas vouloir payer un sou de plus par année pour contribuer à la diminution de la dette nationale (ce qui permettrait, entre autres, d'alléger le fardeau des générations futures). Il faudra bien que quelqu'un la paye un jour! Cette proportion atteint des sommets chez les personnes affichant les revenus les plus élevés et chez celles de plus de cinquante-cinq ans, alors que les plus jeunes sont les plus ouverts à cette idée. On peut compter par dizaines les exemples démontrant une désolante propension à l'égoïsme.

Le visage de la solidarité au Québec est jeune alors qu'à l'opposé, les boomers et les personnes ayant des revenus élevés font montre d'une attitude foncièrement narcissique. Leur seule préoccupation semble être la préservation de leurs acquis, et cela, en étirant l'élastique toujours un peu plus. Avec cette attitude, il n'est pas surprenant de constater qu'à peine 13 % des Québécois croient que les générations futures pourront bénéficier des mêmes avantages que ceux dont ils profitent actuellement. Le Québec n'est pourtant pas une société pauvre (seulement 11 % le pensent), mais à l'évidence elle est égoïste, rechignant à partager sa petite richesse. Les belles intentions de partage, d'équité et de sacrifice semblent parfois bien loin de la réalité.

Oui, les Québécois sont lourdement taxés, ce qui peut amortir leur empathie et freiner leurs élans de solidarité. Pourtant, ils ne font pas pitié pour autant et semblent avoir développé une fâcheuse tendance à trop souvent se plaindre de ce qu'ils paient plutôt que d'apprécier ce qu'ils ont en échange. Une attitude qui cadre bien avec leur caractère chialeux.

Mais en fait, la problématique de la solidarité va bien au-delà de l'attitude, en partie justifiable et un peu caricaturale, des boomers et des mieux nantis. Elle les transcende. L'analyse des huit cents questions posées nous confronte à une réflexion déchirante, à un paradoxe complexe, maintes fois observé et pour lesquels l'IRB cherche encore des réponses : l'amélioration des conditions individuelles des gens se fait presque toujours au détriment de l'amélioration des conditions collectives.

La volonté, le désir d'améliorer ses propres conditions est une réaction humaine naturelle. Nous inculquons aux enfants, dès leur jeune âge, une notion fondamentale et universelle, celle de travailler à l'amélioration de son sort. Mais cette notion entraîne, consciemment ou non, une certaine forme d'égoïsme, d'individualisme, de désintéressement et de détachement de tout ce qui touche le devoir collectif. L'individualisme tue la conscience collective et cet individualisme semble se complaire dans le confort et l'aisance financière. Les réponses données tout au long de ces cinq dernières années par les personnes présentant les revenus les plus élevés – sans vouloir leur lancer toutes les pierres – permettent toutefois de l'affirmer. Avec l'accroissement des revenus, une certaine forme d'égoïsme s'installe. L'empathie semble diminuer, la notion de solidarité, fondre, s'oublier. Elle n'apparaît plus nécessaire du moment que l'on considère être en mesure de s'autosuffire, d'avoir le luxe de choisir et la capacité de payer pour ce luxe. Dès lors, toute mesure collective servant les intérêts de l'ensemble de la population, mais plus précisément ceux des segments les moins favorisés de la société, ne semble plus les concerner autant. Ils s'en détachent, s'en dissocient et rechignent à contribuer.

Ce constat est dur, mais inévitable. Tout le monde et personne à la fois n'est fautif. Rappelons que l'argent contribue au bonheur, mais ne rend pas meilleur...

Ces dernières années, la solidarité semble avoir été remplacée par l'entraide, mais cette dernière, plus souvent qu'autrement, est associée à la pauvreté, à la misère. L'entraide se manifeste à l'occasion, principalement lors de catastrophes naturelles comme celle des inondations de la rivière Richelieu au printemps 2011. Ou par les dons faits lors de téléthons annuels fortement médiatisés.

Dans leurs habitudes de consommation, les Québécois ne démontrent guère plus de sensibilité ou de solidarité. Ainsi, lorsque vient le temps de faire des achats, près de la moitié d'entre eux ne cherchent qu'à se procurer le produit au meilleur prix, peu importe le marchand. Moins de 20 % penseront peut-être à encourager un commerce local. Il est plus simple et sûrement plus économique d'aller chez les « Wal-Mart » de ce monde, surtout lorsqu'on connaît la propension des Québécois à dépenser. Le plus ironique est de réaliser qu'une grande partie des Québécois qui encouragent les multinationales américaines sont souvent les premiers à casser du sucre sur le dos de leurs voisins du sud. Les comportements des Québécois, une fois de plus, ne sont pas toujours conséquents avec ce qu'ils avancent ou défendent. Les paradoxes, encore et toujours.

Les achats équitables sont rares. À peine 10 % des Québécois se disent préoccupés par le pays d'origine d'un produit et la façon dont il a été produit. Une proportion similaire cherche, lorsque c'est possible, à se procurer un produit équitable.

Le Québec fait face à un grand vide de valeurs collectives et cette situation est franchement déplorable. Il devient difficile dans ce cas d'adopter un esprit de solidarité fort, de mobiliser des masses et d'empêcher la recrudescence de l'individualisme. Mais, au risque de se répéter, les choses bougent sans cesse plus vite. Ce qui était impossible hier devient réalité le lendemain. Les revendications et les manifestations sociales planétaires dénonçant les abus et les excès de ce qu'on appelle maintenant le capitalisme sauvage sont inévitables et seront toujours plus nombreuses dans l'avenir. Il est juste surprenant qu'elles aient pris tant de temps à se faire entendre.

17
LE LEADERSHIP

Tout le monde connaît l'expression «Tomber en panne sèche». Eh bien, cette expression sied parfaitement à la situation du Québec en matière de leaders. Allons-y avec la statistique qui tue : 94 % des Québécois s'entendent pour dire que le Canada et le Québec sont en panne de leaders. Le désert ou presque. Rappelons que dans une question ouverte, le premier leader identifié par les Québécois est, et de loin, monsieur AUCUN, avec 42 % des mentions, soit cinq fois plus que la première personnalité «concrète» la plus mentionnée.

Évidemment, l'omniprésence actuelle des médias et leur curiosité sans gêne ne constituent pas vraiment des incitatifs pour qui souhaiterait plonger dans l'arène publique et s'affirmer comme leader. Mais est-ce la seule raison ? Si la réponse est oui, l'introspection que devront faire les médias devra être encore plus profonde, car fondamentale. Une société sans leader est comme un navire sans capitaine. C'est une société qui se cherche, qui n'a pas de vision, qui fait du surplace et dont les membres se contentent de gérer leurs petites affaires.

Dans une liste de dix sujets préoccupants soumise aux Québécois et dont il a été question dans le chapitre sur la politique, l'émergence d'un leader politique charismatique, rassembleur et visionnaire arrive en dernière position. Les Québécois admettent l'absence de leaders, mais semblent s'en accommoder. Ils ne réalisent pas que les leaders sont les messagers par lesquels les solutions arrivent et pour lesquels la population est souvent prête à s'engager, à s'impliquer. Les leaders représentent un ingrédient important du ciment de la solidarité. En 2010, six Québécois sur dix considéraient que le Québec comptait moins de leaders que par le passé. Et la situation, selon eux, ne s'améliorera guère. À peine 20 % croient qu'ils assisteront, dans les prochaines années, à l'émergence d'un leader rassembleur et charismatique.

Mais qu'est-ce qu'un leader ? Pour les Québécois, le leader doit être authentique avant d'être opportuniste ; dédié, plutôt que simplement motivé. La cause qu'il défend doit être plus grande que lui. Elle doit le transcender. Le leader doit être au service de sa cause et non le contraire, car l'opportunisme finit toujours par être démasqué. Le leader est transparent. Il doit être enthousiaste, convaincu, mais jamais fermé aux idées des autres. Il ne doit surtout pas être démagogue ou manipulateur. Son charisme vient d'abord de son engagement, de son intelligence, de son courage et de sa passion à défendre sa cause. En connaissez-vous plusieurs ? Cette définition d'un leader est assez exigeante. Autrement, ce n'est qu'une vedette et le Québec en a déjà amplement. On pourrait même parler de culte de la vedette.

À la lumière de cette définition, les premières positions du palmarès IRB des leaders réalisé en 2010 ne surprennent pas. Régis Labeaume (maire de Québec) arrive bon premier. Il est suivi de Steven Guilbeault (Équiterre), de Guy Laliberté (Cirque du Soleil), d'Amir Khadir (Québec Solidaire) et de feu Jack Layton (NDP). On peut les aimer ou les détester, s'identifier à eux ou s'opposer à leurs idées et à leurs façons de faire et d'être. Mais ces cinq personnes, à leur manière, démontrent un certain leadership et leur personnalité puise dans les caractéristiques énoncées précédemment.

À l'opposé, les Québécois ont manifestement de la difficulté à composer avec des personnalités évasives, fuyantes et plus difficiles à cerner. Ils ont besoin de croire en la personne, de lui faire confiance comme à un ami en quelque sorte. Ainsi, lorsque les Québécois sont appelés à évaluer l'image de dix politiciens sur la base de cinq caractéristiques précises, la perception entourant Stephen Harper s'avère révélatrice alors qu'il croupit dans la cave du classement de chacune de ces cinq caractéristiques. Il est perçu par les Québécois comme la personnalité la plus «louvoyante», la plus malhonnête, la moins sympathique, la plus déconnectée de la réalité et celle en qui ils ont le moins confiance. Les résultats des élections fédérales du printemps 2011 au Québec témoignent bien des résultats de ces palmarès.

Mais au-delà des leaders, il y a les idoles. Celles qui nous ont marqués, de leur vivant ou non. Celles qui, souvent, ont influencé notre vie et notre façon de voir les choses. En 2009, l'IRB a demandé aux Québécois d'identifier deux personnalités qui les ont marqués. Des idoles d'ici ou d'ailleurs et pouvant provenir de toutes les sphères d'activités (voir les tableaux 11 et 12, en annexe). Un bel exercice qui permet de détecter, au passage, les principales valeurs auxquelles les Québécois s'identifient.

La personnalité qui, de loin, est la plus souvent mentionnée par les Québécois demeure René Lévesque (il est au deuxième rang pour les femmes et au premier chez les hommes). La définition de leader, présentée précédemment, lui va d'ailleurs comme un gant. Céline Dion, quant à elle, est bien installée au deuxième rang pour l'ensemble des Québécois (elle est au premier rang chez les femmes et au sixième rang chez les hommes).

Des personnages plus grands que nature occupent les positions suivantes : le Dalaï-Lama (troisième), Mère Teresa (quatrième) et Gandhi (cinquième). Puis, un autre grand Québécois s'insère en sixième position. Il s'agit de nul autre que Maurice Richard. Ce dernier occupe même le deuxième rang chez les hommes, immédiatement après René Lévesque. Et malgré le fait qu'il soit un simple joueur de hockey, il figure au onzième rang chez les femmes. C'est dire l'impact de cet homme, qui représente l'une des premières manifestations identitaires des Québécois francophones. Maurice Richard, c'est le « petit gars de chez nous » ordinaire qui est devenu extraordinaire tant il a su demeurer droit et debout face à l'adversité, en faisant preuve d'un courage particulier.

René Lévesque, Céline Dion et Maurice Richard, trois noms, trois personnalités auxquelles les Québécois associent courage, détermination, intégrité, authenticité et simplicité. Des caractéristiques qui leur sont chères parce que de plus en plus rares.

Dans la liste des vingt-cinq noms que comprend ce palmarès des idoles de 2009, d'autres Québécois se distinguent. Hubert Reeves figure en septième position, Janette Bertrand en dix-huitième, Ginette Reno en dix-neuvième et Jacques Parizeau en vingt et unième. Analysez toutes ces personnalités et vous y trouverez quelque part, en tout ou en partie, les caractéristiques des leaders.

Les différences entre le palmarès des hommes et celui des femmes font sourire et reflètent bien ce qui les distingue. Le volet plus cartésien, mathématique et rationnel des hommes s'exprime à travers la cinquième position qu'ils accordent à Albert Einstein et la onzième à Al Gore. Les hommes, sans surprise, sont également plus nombreux à identifier des personnalités politiques parmi leurs idoles.

Chez les femmes, les choix de Chantal Lacroix (quinzième) et Lady Diana (dix-septième) démontrent bien leur sensibilité face à celles qui s'impliquent, affichent de l'empathie et défendent des valeurs humaines. Aussi, avec six personnalités qui occupent ou ont occupé des places de choix dans les médias [Janette Bertrand (douzième), Ginette Reno (treizième), Chantal Lacroix (quinzième), feue Marie-Soleil Tougas (vingtième), Oprah Winfrey (vingt et unième) et Véronique Cloutier (vingt-quatrième)], les femmes qui œuvrent dans le « show-business » semblent avoir un ascendant sur leurs pairs et les Québécoises le reconnaissent en s'identifiant à ces personnalités.

18
LA SPIRITUALITÉ

La spiritualité: caractère de ce qui est de l'ordre de l'esprit. Assez vaste comme définition. Suffisamment pour s'y perdre. L'approche ici en sera donc une plus pratique que «philosophique». Elle permet d'étudier certains aspects de la vie des Québécois qui, justement, relèvent davantage de l'esprit, de l'âme, de différentes attitudes et façons d'aborder la vie... et la mort aussi.

Les données du chapitre sur la religion démontrent bien que la spiritualité des Québécois est de moins en moins marquée par la foi catholique. Celle-ci demeure encore présente, mais elle est plus tiède, moins ardente. En fait, les Québécois (notamment les hommes) admettent la pauvreté de leur vie spirituelle. Toutefois, il suffit souvent d'un drame personnel ou d'un événement hors du commun pour la ranimer. Ainsi, les personnes qui ont vécu ou côtoyé la maladie et la mort, ou qui ont accompagné une personne malade et/ou mourante, se montrent systématiquement plus attentives à l'aspect spirituel de leur vie. Côtoyer la maladie et la mort fait grandir, pourvu que l'on adopte la bonne attitude et que l'on en retire des éléments positifs. Nettement plus facile à dire qu'à faire cependant.

Les valeurs de l'âme et de l'esprit comptent d'ailleurs pour beaucoup dans l'atteinte d'un certain niveau de plénitude ou de bonheur. La sérénité occupe le dixième rang des vingt-quatre facteurs d'influence du bonheur, l'optimisme, le douzième, la spiritualité, le treizième et l'altruisme, le seizième. Le bonheur, heureusement, ne se conjugue pas qu'au verbe avoir.

Les Québécois sont nombreux à se questionner sur la vie! Un Québécois sur deux avoue s'interroger souvent sur tout et sur rien à la fois. Plus de 40 % avouent espérer un meilleur sort que le sien plutôt que de l'accepter. Certains diront qu'ils sont ambitieux, ces Québécois. Chercher à améliorer son sort est loin d'être un défaut, mais une ambition exacerbée peut facilement déraper, glisser vers l'envie. Jacques Bouchard, dans son analyse des trente-six cordes sensibles des Québécois, établissait justement l'envie comme l'une d'entre elles. Il ne se trompait guère.

La spiritualité, c'est un peu la façon dont on perçoit la vie, l'attitude générale que l'on adopte. Chez les Québécois, il y a certainement place à l'amélioration. En effet, un sur deux ressent souvent ou quelquefois de l'amertume. C'est sans doute aussi cette amertume qui fait qu'une proportion identique de Québécois avoue avoir des regrets, ces cancers de l'âme et du bonheur. Pour ceux qui en doutent, sachez qu'il existe, sur une échelle de cent, un écart de vingt-cinq points entre l'IRB de ceux qui avouent ressentir souvent de l'amertume et celui des personnes qui n'en ressentent jamais. On ne parle plus ici d'écart, mais de fossé.

Il arrive des moments où il faut lâcher prise, accepter, comprendre et arrêter de se victimiser. C'est certainement mieux ainsi. L'amertume est négative et envoie un signal clair que l'attitude adoptée n'est pas la bonne.

Vieillir fait aussi partie de la vie. Mourir aussi. Deux fatalités. Il est nettement préférable de les accepter, de composer avec cette finalité, même s'il est difficile d'y arriver. La moitié des Québécois admettent avoir peur de vieillir. Ils se rangent donc du côté d'Yvon Deschamps qui affirmait dans une entrevue télévisée : « Vieillir me fait chier. »

Le paradis que les curés promettaient en récompense d'une vie méritoire (la fameuse « vie après la vie ») n'apparaît plus comme la seule croyance des Québécois. Près du tiers d'entre eux considèrent maintenant que la mort est une fin sans appel, que la vie s'arrête là, comme ça. Cette attitude face à la mort serait-elle la résultante d'une foi en fuite? Possible, mais la majorité des Québécois s'accrochent encore à l'idée que la mort constitue la fin de leur vie terrestre, mais le début d'une autre vie, peu importe la forme qu'elle prendra.

Il est difficile de parler de la mort sans aborder la question de l'euthanasie, un sujet qui sera sans doute au cœur des grands débats des prochaines années. Avec la population qui vieillit, l'espérance de vie qui s'allonge et la médecine qui prolonge cette existence, les cas de morts assistées occuperont de plus en plus de place dans notre société. Pour des sujets moraux aussi délicats, les lois et règlements se votent, on le sait, une fois les risques disparus pour les politiciens. Au Québec, ces risques sont devenus minimes. Alors que près des trois quarts des Québécois se disent d'accord avec l'euthanasie, un faible 5 % des sondés s'y opposent. Sur cette question comme sur toutes les questions qui abordent des sujets moraux et humains, les femmes se montrent plus vagues et nuancées et les hommes, plus catégoriques et cartésiens dans leur appui à l'euthanasie.

Il est également intéressant de constater que trois Québécois sur quatre affirment que l'être humain devrait pouvoir décider lui-même du moment de sa mort. Le temps où l'on remettait sa vie entre les mains de Dieu semble bien loin. Précisons néanmoins que seulement la moitié des Québécois décideraient d'abréger leurs souffrances s'ils étaient atteints d'une maladie incurable et douloureuse. Ainsi, la vaste majorité des Québécois adhèrent à la légalisation de l'euthanasie et au libre choix du moment de sa mort, mais ils sont moins nombreux à vouloir user de cette liberté lorsqu'ils y sont confrontés. La vie est forte et le choix volontaire de la quitter, même malade et souffrant, semble beaucoup moins évident. Par attachement à la vie, sans aucun doute, mais aussi par peur de la mort.

Toutefois, l'idée propagée par l'Église catholique qu'il faut souffrir pour gagner son ciel ne tient plus la route en 2012. Est-ce acceptable de devenir consciemment un fardeau et un boulet pour ses proches alors qu'il n'y a plus aucun espoir de guérison ? Les Québécois disent non.

La spiritualité, pour certains, c'est aussi se mettre au service des autres, être à l'écoute de leurs besoins, s'oublier quelque peu. D'autres parleront plutôt d'empathie, de générosité, de bonté. Si bonté n'est pas synonyme de spiritualité, elle est sa proche cousine. Ainsi, les Québécois s'estiment généreux de leur personne. Appelés à évaluer leur niveau de bonté, ils s'attribuent une note moyenne de 79,5 sur 100. Cette note décroît au fur et à mesure que les revenus augmentent. Malgré une évaluation moyenne plus qu'acceptable, les trois quarts des Québécois pensent qu'ils pourraient améliorer et augmenter leur score. La plupart d'entre eux croient que, ce faisant, ils amélioreraient d'autant leur niveau de bonheur.

Chantal Lacroix, animatrice télé bien connue, affirme que le bonheur qu'on a vient de celui qu'on donne. Elle n'a pas tort. Imaginez l'indice de bonheur de notre société, si chaque Québécois n'augmentait que de 0,5 point son niveau de bonté. Un exercice qui semble simple à première vue, mais qui s'avère compliqué dans la société actuelle. Le temps que l'on pourrait consacrer aux autres semble en effet amputé en raison du rythme de vie, du manque de temps et de notre tendance à l'individualisme.

La bonté consiste à donner. De son temps, de son argent. C'est toujours plus facile lorsqu'on a l'un et l'autre. Le premier s'avère toujours le plus compliqué à consentir parce que le plus engageant. Ainsi, un Québécois sur trois s'implique dans des actions bénévoles, mais la grande majorité de ceux-ci ne le font qu'occasionnellement.

La moitié des Québécois dit faire des dons d'argent à différentes fondations ou œuvres caritatives, mais ces contributions sont, de leur aveu, très irrégulières.

La spiritualité favorise-t-elle le sentiment de liberté des individus ? Assurément. Le lien est direct. Mais qu'est-ce que la liberté, exactement ? Un concept flou ? Une illusion ? Pour les deux tiers des Québécois, la liberté, c'est de penser et d'agir comme ils l'entendent, selon leurs valeurs et leurs croyances, malgré et à travers les contraintes de la vie en société.

Mais pour le quart des Québécois cependant, la liberté est un concept illusoire qui ne peut s'exprimer dans le cadre de la société actuelle. Ils n'ont pas tout à fait tort. Les Québécois confondent souvent la notion de liberté ou même de bonheur avec celle de confort, alors que ce dernier produit souvent l'effet inverse. Ainsi, plus des trois quarts des Québécois concèdent que leur vie actuelle est confortable, mais le tiers avouent, du même souffle, se sentir un peu prisonniers et dépendants de ce niveau de confort. Pas surprenant, dans ce contexte, que près de la moitié des Québécois pensent souvent ou quelquefois à tout lâcher et à recommencer leur vie sur d'autres bases. Très peu passent toutefois de la pensée à l'acte.

Les Québécois sont même plus de 70 % à concéder qu'il y a de nombreuses choses qu'ils souhaiteraient vraiment faire ou accomplir, mais qu'elles s'avèrent impossibles dans le cadre de leur vie actuelle. Alors, pour accepter pareille situation, il faut se montrer minimalement philosophe ou résigné. Avec de telles données, peut-on parler d'un certain mal d'être ou de vivre des Québécois ? Bien difficile à dire, mais près de la moitié cependant avouent avoir déjà eu, à un moment de leur existence, des pensées suicidaires.

Somme toute, la notion de liberté a quelque chose de spirituel, car la presque totalité des Québécois affirment que leur niveau de bonheur est directement influencé par leur sentiment de liberté. D'ailleurs, l'Indice du sentiment de liberté des Québécois (ISL) se situe en moyenne à 73,20, soit trois points de moins que l'indice relatif de bonheur moyen (IRB). Et comme ce dernier, l'ISL croît avec l'âge, le niveau de scolarité et, surtout, les revenus des Québécois.

La similitude entre le bonheur et la liberté ne s'arrête pas là. L'un comme l'autre n'arrive pas seul. Ils se travaillent. Selon les Québécois, les ingrédients nécessaires à leur atteinte sont similaires. Le premier est la confiance. D'abord celle qu'on a en soi, ensuite celle qu'on a envers les autres. Le deuxième ingrédient mentionné est l'accomplissement de ses rêves, de ses passions, de ses projets.

Signe d'une certaine insatisfaction face à l'existence qu'ils mènent, près de 20 % des Québécois affirment qu'ils seraient prêts à recommencer leur vie à zéro au prix d'effacer celle qu'ils vivent actuellement. En contrepartie, une grande majorité des Québécois disent s'accomplir et près des trois quarts affirment réaliser la vie dont ils rêvaient.

C'est sûrement l'une des plus belles données enregistrées par l'IRB depuis sa fondation, car l'accomplissement constitue le tout premier facteur d'influence du bonheur. Il y a toujours place à l'amélioration et une vie plus spirituelle ne nuirait pas, mais cette dernière n'est pas considérée comme essentielle par les Québécois. Le processus pour la développer, s'il n'est pas provoqué, demande du temps et, par conséquent, n'arrive souvent qu'en fin de vie, parfois trop tard.

19
L'ENVIRONNEMENT

Les enjeux environnementaux prennent de plus en plus de place dans nos vies. Il ne se passe pas une journée sans qu'il en soit mention dans les discussions des Québécois ou que le sujet fasse l'objet d'articles ou de reportages dans les médias. À peu près personne ne connaît les grandes lignes de l'entente de Kyoto, mais presque tout le monde sait qu'il s'agit d'un protocole mondial visant à réduire les émissions de gaz à effet de serre. C'est déjà beaucoup.

Dans les recherches de l'IRB, l'environnement arrive presque toujours dans les trois premières préoccupations des Québécois, derrière la santé et l'éducation. En fait, l'environnement est la seule responsabilité sociale pour laquelle, en termes de bonheur, il est préférable de se montrer fortement préoccupé. Pour toutes les autres grandes préoccupations mondiales, de la faim dans le monde aux différentes formes d'injustice, il apparaît préférable, au niveau du bonheur, de ne pas trop s'en faire. Juste un peu. Juste assez pour se donner bonne conscience.

La réaction des Québécois face à la problématique environnementale est différente, plus sentie. Peut-être parce qu'ils réalisent faire partie autant du problème que de la solution. Parce que le sujet les concerne et les menace plus directement.

D'ailleurs, 70 % des répondants pensent que les catastrophes naturelles se multiplieront dans les trois prochaines années. Les autres problématiques sociales mondiales mentionnées précédemment semblent appartenir à un monde tellement loin de la réalité des Québécois qu'ils s'en détachent et ne s'en émeuvent qu'une fois de temps en temps, au gré des reportages diffusés.

C'est donc plus d'un Québécois sur trois qui affirment être fortement préoccupés par les problématiques environnementales. La sensibilité environnementale occupe d'ailleurs le dix-septième rang parmi les vingt-quatre facteurs d'influence du bonheur. Et pour se convaincre de la place sans cesse grandissante que prend l'environnement dans notre quotidien, mentionnons qu'Hubert Reeves, Steven Guilbeault et même David Suzuki, trois personnalités dédiées à la défense de l'environnement, figuraient avantageusement dans le palmarès IRB 2009 des leaders. Al Gore occupait même la seizième position de ce palmarès. Vice-président sous la présidence de Bill Clinton, il s'est vu décerner en 2007 le prix Nobel de la paix pour ses efforts déployés afin de sensibiliser la planète aux conséquences du réchauffement climatique.

Les questions environnementales font l'unanimité. Elles se distinguent en cela de toutes les autres causes ou préoccupations sociales. Qu'ils soient jeunes ou vieux, riches ou pauvres, les Québécois sont tous, à différents niveaux, inquiets et sensibilisés quant à l'importance des enjeux environnementaux. Ils le sont à un point tel que plus des trois quarts d'entre eux se disent d'accord avec l'imposition d'une taxe sur les produits jugés nocifs à l'environnement, par exemple le démarreur à distance. Le niveau de scolarité des individus est en fait le seul facteur qui influence à la hausse la sensibilité environnementale, mais cette dernière demeure toutefois présente auprès de tous.

Le hic, c'est que les Québécois ne voient pas vraiment comment ils peuvent résoudre un problème d'une telle envergure. Un problème qui les dépasse et devant lequel ils se sentent souvent désarmés. L'importance des petits gestes n'est pas toujours bien comprise. Ils ont de la difficulté à réaliser comment ceux-ci peuvent, séparément, avoir un impact collectivement.

La moitié des Québécois avouent se sentir impuissants face aux différents enjeux environnementaux. Pire, presque autant ne croient pas que l'espèce humaine réussira à surmonter les défis environnementaux auxquels elle est confrontée. On reconnaît bien là le fatalisme et le manque d'optimisme des Québécois.

La sensibilité face aux enjeux environnementaux est sans équivoque mais, de l'aveu même des Québécois, beaucoup reste à faire. Neuf sur dix affirment qu'ils pourraient en faire davantage en termes de petits gestes quotidiens à poser pour préserver l'environnement. Mais qu'ils se consolent car, à ce chapitre, les dernières enquêtes montrent une légère amélioration de leurs habitudes.

La note que les Québécois s'accordent pour l'ensemble de leur comportement environnemental est conséquente: 7,35 sur 10. Ni bon, ni mauvais. Moyen tout au plus. Il reste encore du travail à faire pour que la société québécoise, dans les petits gestes et l'utilisation plus responsable des ressources, se proclame ISOECOLO2012. Le tiers des Québécois laissent encore couler l'eau lorsqu'ils se brossent les dents, mais la grande majorité font maintenant leur lessive à l'eau froide et affirment baisser le chauffage lorsqu'ils quittent le foyer pour une partie de la journée. Hydro-Québec sera contente de l'apprendre.

La performance moyenne des Québécois en ce qui a trait au recyclage, à la récupération et aux comportements plus responsables s'explique, selon eux, par deux éléments essentiels:

l'information et la qualité des services. Questionnés sur les éléments qui pourraient améliorer leur performance environnementale, ils citent en premier lieu une meilleure connaissance des gestes à poser et des éléments pouvant être recyclés. Un service plus complet, plus étendu et plus fréquent de récupération des matières recyclables arrive immédiatement après.

Malgré les lacunes avouées face à leur comportement, la conscience environnementale se porte bien chez les Québécois. C'est une cause inclusive et rassembleuse. La seule qui fasse l'unanimité, ou presque, et qui a le pouvoir de mobiliser toute une société au point d'en faire un projet collectif. Évidemment, tout n'est pas parfait, mais les Québécois sont alertes, allumés et rapides à dénoncer les abus et le non-respect de l'environnement. Plusieurs documentaires-chocs ont laissé des traces. Les organismes de défense, tels Greenpeace et Équiterre, sont biens structurés, bien informés et possèdent la capacité de mobiliser des milliers de personnes derrière leurs causes.

L'environnement pourrait-il constituer l'élément rassembleur tant recherché? La cause permettant au Québec de se positionner à l'avant-garde à l'échelle mondiale? Pourquoi pas! Bien sûr, la santé et l'éducation demeurent des priorités incontournables et naturelles. Elles sont inscrites dans l'ADN de toute société responsable, mais la façon d'aborder ces deux priorités ne fait pas l'unanimité au Québec. Elle constitue même une source de division et de confrontation plutôt que de mobilisation. Pour l'environnement, toutes les lumières sont vertes. D'une pierre quatre coups: les Québécois se regroupent autour d'une cause porteuse; ils propulsent favorablement le Québec sur l'échiquier mondial; ils améliorent le bilan environnemental de la province et augmentent du même coup son niveau de bonheur collectif. Quelqu'un peut-il être contre?

20
L'IMAGE

L'image que l'on projette, bien sûr. À moins qu'il s'agisse malgré tout d'une certaine forme de fierté? Après tout, on dit que les Québécois sont d'incorrigibles «fiers-pets». Le besoin de paraître était même identifié, en 1978, comme l'une de nos trente-six cordes sensibles par Jacques Bouchard.

La moitié des Québécois se trouvent beaux et plus des deux tiers prétendent avoir du charme. Pour mettre un peu plus de «crémage» sur le gâteau, ajoutons que la très grande majorité (83 %) se déclarent très satisfaits de l'image qu'ils projettent. Les Québécois ont donc une bonne opinion de leur apparence physique, et cette opinion atteint des sommets chez ceux dont les revenus sont élevés. Le pouvoir et les vertus de l'argent semblent parfois sans limite.

On observe le même phénomène chez les enfants uniques, qui se déclarent beaux et charmeurs. Peut-être parce que les compliments et les renforcements positifs des parents n'étaient pas divisés, ou dilués, entre plusieurs enfants, mais entièrement concentrés sur l'unique rejeton.

Malgré les nombreuses critiques qui condamnent l'hypersexualisation de la société et le culte du corps, à peine un Québécois sur deux considère que les médias accordent trop d'importance à l'apparence physique des individus par rapport à leurs valeurs humaines.

Il semble que les Québécois préfèrent paraître plutôt qu'être. L'envie de se démarquer et de démontrer qu'ils ont du panache est bien sentie. On peut penser que cette attitude renvoie à leur petit sentiment d'infériorité. Il est aussi intéressant de constater que plus de la moitié des Québécois accordent une importance considérable à ce que les autres pensent d'eux. Pour s'assurer que l'image projetée soit conforme à celle qu'ils désirent projeter, ils n'hésitent pas à prendre tous les moyens. Plus de la moitié d'entre eux avouent d'ailleurs travestir régulièrement leur image, et ce, dans le but d'influencer les perceptions.

L'enveloppe aurait-elle plus d'importance que son contenu? Doit-on s'en surprendre? Décoder et interpréter un contenu demande un minimum d'efforts. C'est certainement plus difficile que de juger une image. Les Québécois, ne l'oublions pas, sont un peu paresseux intellectuellement. Ils lisent de moins en moins. Les articles qu'ils consultent ne doivent pas dépasser trois ou quatre paragraphes. Les nouvelles et autres informations sont désormais présentées en courts «vidéoclips». Et les médias ne se gênent pas pour exploiter à fond cette tendance.

Facebook, cet incroyable outil de gestion de son image, de sa vitrine personnelle, constitue probablement la plus belle démonstration de l'importance que prend maintenant l'image dans nos sociétés. Et point besoin d'insister sur le soin et l'attention que les abonnés Facebook accordent à cette vitrine. Comme si chacun était devenu un produit, une marque. L'importance accordée à cette image que l'on projette n'est pas sans altérer la perception qu'en ont les autres. Ainsi, les Québécois jugent plus facilement, plus rapidement, en un seul coup d'œil, sans nécessairement avoir tous les éléments pour le faire en connaissance de cause. Cette tendance lourde n'est cependant pas exclusive aux Québécois. Malheureusement, elle favorise l'émergence de préjugés, qui, est-il nécessaire de le rappeler, proviennent presque toujours d'un manque d'informations, de connaissances. Avoir des préjugés, c'est coller des étiquettes aux gens et, comme le disait Albert Einstein : « Il est plus facile de désintégrer un atome qu'un préjugé. »

L'industrie de l'image en est une florissante, ici comme ailleurs. Les promesses sont parfois déroutantes, mais tellement alléchantes. Produits de beauté magiques, chirurgies esthétiques impeccables, programmes d'entraînement infaillibles. Il est bien difficile de rester insensible à ces propositions dans une société dominée par l'image.

Cette importance accordée aux apparences s'inspire davantage du superficiel que du spirituel, convenons-en, et n'est pas sans remettre en question l'authenticité légendaire des Québécois. Pour en rajouter davantage, notons que 76 % des Québécois considèrent que leurs comportements et leurs agissements sont souvent ou régulièrement influencés par la pression sociale. Cette tendance influence négativement le niveau de bonheur des Québécois. En effet, plus ils se sentent assujettis à la pression sociale et agissent selon ce qu'elle commande, plus leur niveau de bonheur s'en trouve affecté.

Abraham Maslow, le père de la psychologie dite « humaniste », affirmait il y a près de cinquante ans que pour accroître son niveau de bonheur il fallait, entre autres, se défaire et se distancer des conditionnements sociaux. Être authentique, en quelque sorte. Il avait tapé dans le mille, monsieur Maslow.

Les Québécois veulent plaire. Ils sont conformistes, malgré l'image de rebelles revendicateurs qu'ils cherchent à afficher. Ils veulent demeurer dans le cadre, ne pas déplaire à leur boss, ne pas être jugés par leurs proches ni par la famille. Ils veulent agir et paraître pour se conformer à la société et plaire à leur entourage, plutôt qu'agir selon leurs croyances, leurs principes, leurs valeurs et leurs opinions. Cette dernière attitude demande un minimum de confiance en soi, de courage et de détermination, trois caractéristiques qui correspondent plus ou moins à la personnalité des Québécois.

Est-ce le milieu dans lequel ils évoluent, les pressions de performance ou le fait d'avoir une image publique à défendre, mais l'importance accordée à l'opinion d'autrui et l'influence des pressions sociales sur leurs comportements augmentent avec le niveau de scolarité et les revenus des Québécois.

À n'en pas douter, les Québécois sont préoccupés par l'image qu'ils projettent. À sans cesse vouloir être ce qu'ils ne sont pas vraiment, pas surprenant qu'ils soient si nombreux à se chercher. Ils ne seront bientôt plus que leur ombre. Ce mal-être explique sans doute l'immense succès des livres de croissance personnelle. Ces derniers, assurément, remplissent un vide.

21
LE HOCKEY

Le hockey est un sujet incontournable. Impossible de décrire les Québécois sans ouvrir une fenêtre toute grande sur leur sport national. Rappelons que Maurice Richard se pointe au sixième rang général des idoles des Québécois et arrive au deuxième rang chez les hommes. Évidemment, le visage du hockey a changé. Il s'est internationalisé et n'est plus tout à fait le symbole identitaire francophone qu'il a déjà été. Même si les deux tiers des Québécois croient que l'identification aux Canadiens de Montréal serait plus forte avec davantage de joueurs francophones dans l'alignement, l'attachement et le sentiment d'appartenance à ce club demeurent viscéraux.

Les Québécois se retrouvent devant un paradoxe : ils aimeraient encourager une équipe qui leur ressemble davantage (l'ovation de décembre 2011 accordée à Louis Leblanc, jeune espoir de vingt ans qui avait alors marqué son premier but dans la ligue Nationale dans l'uniforme du tricolore, en constitue une preuve), mais ils exigent aussi que cette équipe gagne. Ce dernier point prime d'ailleurs nettement sur le premier. Dans le contexte de la mondialisation des talents et afin d'épancher leur amour pour le hockey, les Québécois adopteraient n'importe quel joueur qui ferait gagner l'équipe. P.K Subban, un Ontarien de Toronto, et Carey Price, un Britanno-Colombien, sont tous deux devenus des vedettes auxquelles tout le monde s'associe et s'identifie. Les ventes des chandails portant leurs numéros sont certainement là pour en témoigner.

Avant eux, ils ont acclamé ou conspué le valeureux capitaine finlandais Saku Koivu bien plus en fonction des performances de l'équipe que de son incapacité à s'exprimer en français. Ce dernier point était toujours attisé par le mauvais rendement de l'équipe.

Il y a eu aussi cette folie autour d'Alex Kovalev, un Russe au talent magique et au charme dévastateur. L'Artiste, comme on l'appelait. Imaginez! En 2009, lors du premier palmarès des idoles des Québécois, le beau blond figurait au vingt-troisième rang, une position devant l'autre beau blond... Guy Lafleur. Kovalev occupait même le seizième rang chez les femmes, juste après Chantal Lacroix et devant Albert Einstein!!! Présent partout, même à l'émission dominicale *Tout le monde en parle,* Kovalev, le mâle parfait, faisait l'unanimité (ou presque) et reléguait aux oubliettes les petites vedettes québécoises de l'équipe, même s'il ne parlait pas un mot de français. Autres temps, autres réalités.

Mais la très faible représentation des joueurs francophones au sein de l'équipe représente encore un sujet payant pour les médias et une corde sensible pour plusieurs Québécois. Certains journalistes aiment bien entretenir la polémique et se faire du capital autour d'une cause qui semble servir davantage leur image que l'intérêt de leurs lecteurs. Ils oublient que bien des joueurs francophones, même s'ils ne l'avoueront jamais ouvertement, sont heureux de jouer dans une autre équipe que les Canadiens. Ils évitent ainsi toute la pression que représente le fait de porter la passion d'un peuple sur ses épaules, une pression suralimentée par les médias. Ils veulent bien être des vedettes, mais pas des symboles identitaires. Peut-on le leur reprocher ? Encore une fois, autres temps, autres réalités.

L'identification à des équipes professionnelles existe depuis des lunes et le fait d'être fan de ces équipes influence légèrement le niveau de bonheur des Québécois. Qu'il s'agisse des Canadiens, des Alouettes, des défunts Nordiques ou de l'Impact, les fans de ces équipes affichent tous un indice de bonheur légèrement supérieur à la moyenne, ceux de l'Impact s'avérant les plus heureux. Une équipe professionnelle de sport représente-t-elle alors un besoin pour une société ou constitue-t-elle une béquille ? Beau débat potentiel, surtout dans le contexte du possible retour des Nordiques à Québec.

Mais, tous sports confondus, les fans de hockey sont, et de loin, les plus nombreux au Québec, même si ce sport comporte maintenant moins d'adeptes que ceux pratiquant le soccer. Quatre Québécois sur dix se disent fans des Canadiens de Montréal. Signe des temps modernes et preuve que le hockey a changé, le tiers des Québécoises s'avouent maintenant fans des Canadiens, ce qui démontre également toute la force de cette marque ainsi que la puissance du marketing. Pour plaire et attirer ces dames, l'organisation du Canadien a même dérogé aux conventions en troquant les traditionnelles couleurs bleu, blanc et rouge des chandails des joueurs pour le rose et blanc.

On entend souvent dire que le club sportif Les Canadiens de Montréal est l'un des plus prestigieux au monde, mais pour les Québécois, il représente bien plus que ça. Plus de la moitié des répondants aux sondages de l'IRB ont choisi le fort besoin d'identification des Québécois comme première raison justifiant la popularité du club. Ce fort besoin d'identification atteint même 68 % chez les plus jeunes. Devrait-on interpréter ce résultat comme révélateur, dans une certaine mesure, de l'actuelle pauvreté de projets collectifs et rassembleurs au Québec? Possiblement.

Les Canadiens de Montréal, consciemment ou pas, semblent combler, artificiellement et partiellement, ce vide collectif. Ainsi, une personne sur cinq associe la popularité des Canadiens de Montréal à la nécessité de s'associer à une cause gagnante; 15 % des Québécois vont jusqu'à dire qu'elle comble un vide collectif. On comprend mieux pourquoi les défaites répétées du club sont presque vécues comme des drames nationaux.

Au Québec, le hockey a remplacé la religion catholique depuis belle lurette. Les cotes d'écoute de RDS n'ont jamais été aussi bonnes, malgré une récente baisse attribuée aux contre-performances des Canadiens. L'année 2011 a même vu l'éclosion de RDS2, une deuxième chaîne consacrée au sport et permettant de diffuser, entre autres, un plus grand nombre de matchs de hockey. Cette situation n'est pas sans apporter son lot de conflits. Dans les couples principalement. La ferveur envers le club ne fait pas que des heureux. Le quart des Québécois avouent que l'écoute assidue des matchs de hockey représente une source de dispute dans le couple. Cette proportion doit grimper lors des séries éliminatoires; parfois, celles-ci n'en finissent plus et s'étirent jusqu'au mois de juin. Comme quoi le bonheur des uns fait parfois le malheur des autres.

Le hockey et les Canadiens de Montréal sont donc au cœur de la société québécoise et la définissent en partie. Le Québec sans le hockey et les Canadiens s'avère pratiquement impensable pour les Québécois. Appelés à se prononcer sur un hypothétique départ des Canadiens vers une autre ville (américaine ou canadienne), le tiers des Québécois le qualifieraient de «catastrophe nationale». La moitié le décriraient comme une perte importante pour la société québécoise. Au cumul, près de 90 % de la population en souffrirait d'une quelconque façon. À la lumière de ces données, on peut, sans risquer de se tromper, qualifier les Canadiens de Montréal de véritable institution supranationale. Dans ce contexte, le tollé de décembre 2011 suivant le remplacement de l'entraîneur bilingue par un entraîneur unilingue le démontre clairement. Des joueurs, il y en a vingt. Plusieurs ne sont que de passage. Normal que la majorité ne puissent s'exprimer en français. Mais il n'y a qu'un entraîneur. C'est lui qui répond aux questions. Pour les Québécois, les Glorieux sont et seront toujours leur propriété, leur héritage. Le club n'a pas été vendu à Molson, mais plutôt prêté.

Or, le hockey au Québec ne se résume et ne se limite pas qu'aux Canadiens de Montréal. Que non ! Les Québécois ont un autre amour « qui ne veut pas mourir », comme le dit la chanson de Renée Martel. Il s'agit des défunts Nordiques de Québec. Plus de quinze ans après leur départ, ce club déchaîne encore les passions. Davantage depuis que leur retour dans la ligue nationale est anticipé. Certaines données expliquant l'attachement à cette équipe sont renversantes et démontrent, une fois de plus, comment le Québec s'associe au hockey. Les ex-futurs Nordiques pourraient ainsi compter, dès leur retour, sur 31 % de fans parmi la population québécoise, à peine moins que les Canadiens. Cette proportion franchit même les 50 % chez les habitants de la ville de Québec, une personne sur deux, mais chute de moitié à Montréal, rivalité oblige.

Le retour des Nordiques ne serait-il pas aussi, pour la ville de Québec, sa façon de combattre son petit sentiment d'infériorité envers Montréal ? Possible, pour ne pas dire probable, car plus du quart des Québécois croient que cet éventuel retour des Nordiques accentuera négativement la rivalité entre les deux villes.

Le débat et les raisons justifiant le retour des Nordiques sont à l'image du hockey: émotifs. Les premiers à faire preuve d'émotivité dans le dossier sont les journalistes, qui mettent impartialité et devoir de réserve de côté dans leur couverture des pourparlers. Les trois quarts des Québécois l'ont remarqué et considèrent que les journalistes se sont montrés biaisés dans la façon de traiter favorablement le dossier du financement de l'amphithéâtre et le retour de l'équipe cendrillon. Ce traitement médiatique hautement sympathique à la cause n'est pas sans altérer les perceptions qu'entretiennent les Québécois sur l'impact de cette possible renaissance. Près de la moitié d'entre eux considèrent que le retour des Nordiques rehaussera l'image de la ville de Québec. Davantage de Québécois considèrent qu'il améliorera la santé économique de la ville. Les trois quarts pensent qu'il créera un sentiment d'appartenance régional fort. Ouf! N'est-ce pas là beaucoup de vertus pour une équipe qui a déjà représenté une épine dans le pied dont la ville de Québec s'est brillamment débarrassée?

L'euphorie entourant l'arrivée possible des Nordiques ne s'arrête pas là. Ainsi, les trois quarts des Québécois ne pensent pas que ce retour réduira le budget de la population régionale pour d'autres loisirs, qu'ils soient de nature culturelle, artistique ou sportive. Une proportion tout aussi forte considère que le retour des Nordiques ne réduira pas l'espace médiatique accordé aux autres athlètes et clubs sportifs de la région. Les Québécois seraient-ils aveuglés par le retour hypothétique de cette équipe? Exagéreraient-ils les bons côtés et minimiseraient-ils les moins bons? Au Québec, il semble n'y avoir jamais rien de trop beau lorsqu'il s'agit de hockey.

Si les Québécois souhaitent ardemment le retour des Nordiques, ils ne sont pas dupes pour autant. Ce retour, selon eux, c'est presque tout, sauf une affaire de hockey. Pour la moitié d'entre eux, c'est d'abord une grosse affaire de business, ensuite une affaire de société et/ou de politique. Parfois, il faut se demander si c'est Québec qui a besoin des Nordiques ou si ce ne sont pas plutôt les Nordiques qui ont besoin de Québec?

Le hockey est devenu une religion et chaque religion comporte son lot de fanatiques. Le hockey est loin de faire exception. Mais n'est-il pas embêtant pour un peuple d'accorder une importance démesurée à un sport et de faire des succès de ses équipes professionnelles ses principales aspirations?

« Du pain et des Jeux. » Jules César n'aurait sûrement pas cru que sa devise serait encore si actuelle en 2012.

22
LES RÉSEAUX SOCIAUX ET LA TECHNOLOGIE

L'évolution de la technologie et des différentes plateformes de communication file à toute allure. Vers où ? Les Québécois l'ignorent, mais ils ne veulent surtout pas manquer le bateau. Alors, ils embarquent.

Les réseaux sociaux et les nouvelles technologies de communication font désormais partie intégrante de la vie et de notre façon d'échanger. Plus d'un Québécois sur deux avouent communiquer plus souvent via les nouvelles technologies (Facebook, courriels, textos, skype, etc.) que via le bon vieux téléphone, et rien n'indique que cette tendance s'affaiblira. Les réseaux sociaux et les plateformes de communication sont totalement intégrés à notre mode de vie. On ne parle plus ici de simple phénomène passager. Ces nouveaux outils laissent cependant des marques, malmenant la capacité d'adaptation des Québécois (celle-ci est d'ailleurs citée comme le quinzième des vingt-quatre facteurs d'influence du bonheur). Les nouvelles technologies ne sont évidemment pas les seules responsables de cette adaptation difficile, mais elles y contribuent. Ainsi, plus de la moitié des Québécois considèrent que notre société moderne ne contribue pas à l'atteinte du bonheur. Plus spécifiquement, 64 % d'entre eux se disent parfois ou même souvent dépassés par l'évolution et les avancées technologiques.

Selon le CEFRIO (Centre francophone de recherche en informatisation des organisations), la pénétration d'Internet dans les foyers québécois atteint maintenant 80 % et davantage dans certaines régions. Les bibliothèques municipales et cafés permettent à chacun de consulter la toile. Les taux d'abonnement à un ou des réseaux sociaux sont légèrement inférieurs, mais atteignent des sommets chez les plus jeunes. Si près des deux tiers des Québécois affirment posséder leur page Facebook, cette proportion grimpe à près de 90 % chez les jeunes âgés de dix-huit à vingt-quatre ans. Le tiers des Québécois sont abonnés à deux réseaux sociaux ou plus. Twitter, un fil de nouvelles personnelles, apparaît comme le second joueur avec une pénétration de plus de 20 % au Québec. Le réseau d'affaires LinkedIn suit tout près derrière. Et si vous pensez que ces taux de pénétration ne sont observés que chez la tranche plus jeune de la population, détrompez-vous, ce n'est plus le cas. Ce qui diffère, c'est l'utilisation que l'on fait de ces réseaux, qui varie selon l'âge.

Ces différences se remarquent d'abord dans la fréquence d'utilisation. Près d'un jeune sur deux, entre dix-huit et vingt-quatre ans, accède à sa page Facebook plus de cinq fois par jour, alors que seulement 5 % des plus âgés le font à la même fréquence. Facebook devient aussi, et principalement pour les plus jeunes, le principal système de messagerie. L'autre différence réside dans les intentions. Les plus jeunes sont trois fois plus nombreux que les plus âgés à utiliser le réseau Facebook dans le but de provoquer une rencontre sexuelle ou amoureuse. Les réseaux de rencontres traditionnels ont un sérieux compétiteur dans les pattes.

Rappelons que les réseaux sociaux, Facebook en tête, sont devenus, pour les Québécois comme pour les autres habitants de cette planète, une vitrine personnelle qu'ils entretiennent religieusement. Ainsi, en avril 2011, comme nous le disions au chapitre 12, les Québécois passaient en moyenne deux heures et trente-huit minutes par jour devant leur ordinateur en dehors des heures de travail. Sans accaparer tout ce temps, on peut penser que Facebook en récolte une bonne part.

Facebook agit comme un véritable paquebot, mais un paquebot qui n'est pas sans créer des vagues. Au Québec, quatre personnes sur dix abonnées à Facebook avouent avoir ressenti une certaine pression sociale à créer leur page personnelle. Et cette pression, c'est davantage sur les femmes et sur les jeunes qu'elle s'exerce. Pour ces derniers, c'est une question d'être *in* ou *out*, et personne ne veut être *out*, surtout chez les jeunes. La résultante de cette pression sociale ressentie se traduit par un déficit au plan du bonheur (IRB).

Il n'en faut pas plus pour parler de dépendance. La presque totalité des Québécois (95%) affirment que les réseaux sociaux et les nouvelles technologies ont engendré une nouvelle forme de dépendance. Ils oublient simplement que l'histoire se répète, mais en version accélérée. Après l'avènement de la télévision dans les années 50, l'arrivée de l'ordinateur personnel à la fin des années 80 et l'explosion d'Internet au tournant du millénaire, voici que les plateformes d'échange et de communication des dernières années créent une nouvelle forme de dépendance. Les avancées technologiques des cinquante dernières années ont marqué un changement et une évolution dans nos habitudes de vie. Ce n'est certes pas leur simple présence qui crée une dépendance, mais plutôt l'abus dans l'utilisation que l'on en fait. Ceux qui disent consulter leur page Facebook plus de dix fois par jour affichent un indice de bonheur (IRB) de cinq points inférieur à celui de la moyenne québécoise. On observe le même phénomène chez ceux qui passent beaucoup de temps devant leur écran d'ordinateur ou de télévision. Comme le prônait la campagne publicitaire de la SAQ: «La modération a bien meilleur goût.» C'est aussi vrai pour l'utilisation des nouvelles technologies.

Le but de toute innovation, en principe du moins, est d'améliorer un tant soit peu la vie. De la faciliter. Les réseaux sociaux et les outils de communication remplissent-ils cette mission? Les avis des Québécois sont partagés. Ces derniers sont légèrement plus nombreux à prétendre que l'existence des réseaux sociaux contribue, d'une certaine façon, à enrichir leur vie. Mais il s'agit là du seul élément qui penche en faveur des réseaux sociaux.

Ainsi, les Québécois sont majoritaires à rejeter la théorie voulant que l'évolution technologique et la facilité de communiquer fassent de la planète un meilleur endroit où vivre. Ils sont encore plus nombreux à réfuter l'idée que les nouvelles technologies et les réseaux sociaux rapprochent les gens. Finalement, ils ne sont qu'une poignée (15 %) à penser que l'évolution technologique et les différents outils de communication rendent les êtres plus humains. Chaque médaille a toujours son revers.

Bien sur, l'avènement des nouvelles technologies et des médias sociaux accélère de façon foudroyante la transmission de l'information, mais ils rendent également cette dernière contestable et jetable, d'un seul clic. Malgré ce qu'en disent les gourous du marketing viral, les Québécois, dans une très forte majorité, hésitent à gober n'importe quelle information circulant dans le cyberespace.

Pour satisfaire l'appétit insatiable des différents portails et réseaux d'information en continu, on multiplie les contenus, mais ceux-ci y perdent souvent en qualité. L'information devient condensée, allégée, répétée *ad nauseam*, mais éphémère; sitôt consommée, on la «flushe» pour une autre, qui n'est pas toujours plus intéressante, ni plus crédible. Et ce cycle se poursuit sans fin. Si la moitié des Québécois considèrent que ce phénomène et la rapidité avec laquelle l'information circule rendent la vie plus excitante et passionnante, davantage affirment en contrepartie que cette information est aussi devenue un vulgaire produit de consommation. Près de trois Québécois sur quatre rejettent l'hypothèse voulant que l'information, dans son ensemble et sous ses multiples formes, soit plus crédible et véridique que jamais.

Mais le pouvoir des réseaux et des médias sociaux est indéniable. Pour la majorité des Québécois, ils constituent l'arme des révolutions, celles d'aujourd'hui comme celles de demain. Le printemps arabe de 2011 et le mouvement «Occupy Wall Street» qui s'est propagé à l'ensemble des pays occidentaux en ont déjà fait la preuve. Les exemples iront en se multipliant. Ces révolutions ne seront pas toutes politiques, mais également économiques et sociales. Les dirigeants des gouvernements et les chefs d'entreprises doivent d'ores et déjà et pour les années à venir marcher les fesses bien serrées.

Au Québec, 70 % de la population considèrent que les différents réseaux et les médias sociaux sont devenus des outils puissants pouvant soulever les masses. C'est dire tout l'impact qu'ils ont ou qu'ils pourraient avoir, même ici. La grande majorité des Québécois croient que le pouvoir de ces réseaux sociaux servira les intérêts de la population plus que tout autre groupe d'intérêts, gouvernements ou corporations. Les rôles risquent possiblement d'être inversés. Mais n'ayez crainte, messieurs les dirigeants, ça ne sera pas pour demain. La fibre révolutionnaire des Québécois est encore bien trop mince et leur niveau de confort encore bien trop grand pour qu'ils se rebellent, même virtuellement. Ainsi, à peine le quart d'entre eux estiment que les soulèvements de masse et les contestations populaires qui secouent le monde arabe pourraient se produire ici. Les combats des populations arabes, évidemment, ne sont pas les mêmes et sont nettement plus fondamentaux. Mais attention! Rien n'est acquis et tout est en mouvance. Les événements, dans les années actuelles, pourraient évoluer plus vite que notre capacité à les prédire.

À la lumière de ces données, il apparaît clair que le principal et le plus gros avantage des médias et réseaux sociaux réside dans le fait qu'ils redonnent la parole et le pouvoir au peuple. En soi, ce revirement historique est annonciateur d'une société plus juste, plus équitable, où les abus pourront être rapidement dénoncés.

Les pétitions électroniques contre les dirigeants (politiques ou non) deviendront monnaie courante; celle de deux cent mille signatures qui exigeait la démission de Jean Charest à l'automne 2010 en est un bel exemple. Les journalistes devront toutefois relativiser la valeur des nombres et comprendre que ceux de demain n'auront rien à voir avec ceux d'hier.

On n'arrête pas le progrès, comme on dit. L'ensemble des technologies, dont celles de l'information, fait partie de la réalité des Québécois. Elles repoussent les limites et ne semblent pas les effrayer outre mesure. C'est bien connu : la fiction d'aujourd'hui sera la réalité de demain. Ainsi, plus de la moitié des Québécois croient qu'un jour pas si lointain, on pourra introduire une puce électronique à l'intérieur du corps humain pour remplacer une partie des actuels appareils et gadgets électroniques (cellulaire, GPS, etc.). Une sorte de création bionique. Et cette puce serait assurément populaire, car 25 % des Québécois, si elle existait et s'avérait efficace et sans danger, se la feraient poser. Personne ne se surprendra que les hommes soient deux fois plus nombreux que les femmes à se porter volontaires. Un autre exemple qui démontre l'audace et la témérité des hommes ainsi que leur plus grand intérêt pour les gadgets électroniques sous toutes leurs formes, mais aussi la plus grande intégrité et le plus grand respect qu'entretiennent les femmes pour leur corps.

23
MONTRÉAL

C'est connu et reconnu. Ici comme ailleurs dans le monde. Montréal est une ville qui possède une âme, une ville festive aussi. À la fin de 2011, le *New York Times* classait Montréal dans son top dix des villes les plus branchées du monde. Toujours en 2011, le guide *Lonely Planet* lui octroyait le troisième rang des meilleures «villes d'été» du monde, le nombre et la qualité de ses nombreux festivals rayonnant à l'échelle mondiale.

Montréal est cependant une ville qui souffre. C'est probablement le propre de tout ce qui vibre. Les vibrations sont intenses, mais pas toujours positives. Les statistiques sur Montréal sont sans pitié. La métropole présente un des plus hauts taux de décrochage scolaire (31%). Ses habitants disposent des revenus personnels disponibles parmi les plus bas au Québec. L'accès à la propriété y est plus faible que partout ailleurs, le taux de chômage, plus élevé, le taux de familles monoparentales de même que celles ayant de faibles revenus également. Et la liste pourrait s'allonger. La pauvreté à Montréal semble plus présente et plus criante que partout ailleurs au Québec.

Le visage de Montréal change et se détache de celui du reste du Québec. La ville reçoit 75% des immigrants. Les francophones sont maintenant en minorité sur l'île, attirés qu'ils sont par les banlieues confortables, plus homogènes, plus sécuritaires et plus abordables. À cet égard, à peine le tiers des Québécois considèrent Montréal comme sécuritaire. La moitié sont ambivalents et hésitent à prendre position face à cette question. L'inconnu, le disparate et le différent sont souvent des sources d'incompréhension, de crainte et de peur. Par contre, les Montréalais s'avèrent nettement plus nombreux que les non-Montréalais à considérer leur ville comme sécuritaire.

Mais la stature de Montréal, sa population, sa composition, son niveau d'activité et son unicité en font une véritable société distincte par rapport au reste du Québec. Les Québécois sont d'ailleurs légèrement plus nombreux à le penser que ceux qui rejettent cette appellation de société distincte pour la métropole. Il faudra bien, tôt ou tard, se rendre à l'évidence. Il y a deux Québec. Le montréalais et l'autre, qui est tout ce que Montréal n'est pas.

Le dernier rang qu'occupe Montréal dans le palmarès annuel IRB des villes les plus heureuses s'avère bien relatif et s'explique facilement dans ce contexte. Montréal ne peut tout simplement pas se comparer à une autre ville québécoise. Cette dernière position n'est toutefois pas sans mettre en relief l'espèce de morosité et de négativisme qui collent à la métropole depuis quelques années. C'est probablement aussi ce qui explique que seulement 50 % des Montréalais considèrent que leur ville est dynamique, possède une belle vision d'avenir et propose de nombreux projets. En comparaison, cette proportion atteint 84 % chez les résidants de Québec.

L'IRB moyen des Montréalais est faible, presque trois points en dessous de la moyenne nationale. Ce faible score trouve toute sa justification dans l'analyse des vingt-quatre facteurs d'influence du bonheur des répondants montréalais. Ainsi, dix-neuf de ces facteurs s'avèrent négatifs, se situant en dessous de la moyenne québécoise. Pire, les sept premiers facteurs, ceux qui ont la plus forte incidence sur le bonheur (accomplissement, santé, travail, famille, finances, amour et liberté) sont tous dans le rouge, certains solidement. Le premier facteur qui s'avère positif est le huitième, soit le niveau de reconnaissance que les Montréalais disent obtenir dans leur vie en général.

Il apparaît cependant injuste et inéquitable de comparer des pommes avec des oranges, l'IRB est le premier à le reconnaître. La réalité de Montréal et sa composition sociodémographique défavorable n'ont rien, mais vraiment rien à voir avec celles de Sainte-Julie et de Repentigny, les deux championnes du bonheur. En fait, les résultats de Montréal dans ce palmarès s'avèrent plutôt surprenants si on tient compte de tous les facteurs qui la désavantagent. Montréal est une ville heureuse presque malgré elle. Sans doute son âme.

Face à Montréal, personne n'est indifférent, les opinions sont tranchées : on l'aime ou on ne l'aime pas. Appelés à énumérer les facettes de Montréal qu'ils adorent et celles qu'ils détestent, les Québécois répondent sans équivoque. La grande majorité d'entre eux apprécient d'abord sa culture, ses activités, son urbanité et son « night life ». C'est précisément à travers ces aspects que Montréal exprime sa personnalité et son âme, c'est-à-dire à travers son bouillonnement au sens large. La réputation de Montréal à ce chapitre semble donc solidement installée, ici comme ailleurs.

Mais il y a l'envers de la médaille. Le trafic à Montréal apparaît, on ne s'en étonnera pas, comme l'élément le plus détesté par les Québécois (il occupe le deuxième rang chez les Montréalais). On se désole de voir la malpropreté figurer au deuxième rang des facettes les plus détestées. Cet aspect arrive même en tête de liste chez les Montréalais. Il est toutefois probable que le bordel provoqué par les chantiers routiers en 2011 puisse avoir placé le trafic en première position devant la malpropreté. Cette dernière ne semble cependant pas être une légende urbaine entretenue par les Québécois vivant à l'extérieur de l'île, mais une dure réalité ressentie au quotidien par ses résidants. Les cols bleus verront peut-être là un message.

Autre élément surprenant: la gestion municipale est la huitième facette de Montréal la plus détestée par les Québécois (elle occupe le cinquième rang chez les Montréalais). La corruption est le plus souvent mentionnée comme un des facteurs caractérisant la gestion municipale montréalaise. Un autre message aux cols bleus, mais aussi et surtout à l'administration de Montréal.

Mon expérience de deux mois au cœur de Montréal, à errer dans ses rues et dans ses parcs avec seulement 592,08 $ en poche, soit l'allocation mensuelle que reçoit un prestataire de l'Aide sociale apte au travail, m'a fait découvrir et aimer encore davantage cette ville[3]. Dans un passage de *Parenthèse*[4], le livre relatant cette expérience, je laisse tomber cette métaphore :

> *Drôle de bibitte quand même que cette ville. Une délinquante, une marginale qui ne prend pas soin d'elle. Montréal se laisse traîner. Pas suffisamment d'orgueil pour se faire belle et désirable, mais juste assez pour s'offusquer, se froisser à la moindre critique. Montréal est une alcoolique. Toujours en rechute, d'une brosse à une autre, avec, entre chacune, des moments de sobriété, des*

---

3. Voir la série documentaire « Naufragés des villes » diffusée à RDI en 2011 et produite par *Blimp* télé.
4. *Parenthèse: deux mois d'errance urbaine*, Fides, 2011.

périodes d'illumination. Une ville unique, un peu déglinguée. Comme un vieux vélo brinquebalant, qui craque de partout, mais qui roule, toujours et encore.

Il est également intéressant de constater que trois Québécois sur quatre vivant à l'extérieur de Montréal affirment que les Montréalais ont tendance à exagérer les aspects *trash*, *pété* et *flyé* de leur ville. Montréal doit donc composer avec certains préjugés véhiculés par les Québécois vivant à l'extérieur de l'île.

On ressent pour Montréal un mélange de jalousie, d'envie et de rivalité. Ces sentiments sont-ils fondés? On dit qu'il n'y a jamais de fumée sans feu. La majorité des Québécois s'accordent pour dire que les Montréalais ont tendance à discréditer ce qui ne vient pas de Montréal. On affirme aussi que les Montréalais ne connaissent pas le Québec (à part peut-être les Laurentides et les Cantons de l'Est). On les accuse de faire preuve de condescendance. Les Français disent la même chose des Parisiens; les Italiens, des Romains. Montréal ne fait pas exception à la règle.

Mais ces préjugés sont plus comiques qu'autre chose. Ce qui est plus sérieux, c'est la forme d'hostilité politique qu'entretiennent les régions face à Montréal. Ainsi, deux Québécois sur trois vivant en région affirment que l'importance et l'attention politique et médiatique accordées à Montréal sont démesurées par rapport à celles accordées aux régions. Une grande partie de ces mêmes Québécois (69 %) rejettent l'idée que les régions reçoivent, en proportion, plus d'aide et de support du gouvernement qu'en reçoit Montréal. Cette méfiance et ces allégations sont-elles justifiées? Difficile à dire, mais les perceptions, elles, ne mentent pas et envoient certains messages.

Montréal et les régions : deux solitudes, deux sociétés distinctes. Des différences qui s'inscrivent dans leur ADN respectif. Des querelles qui ne datent pas d'hier et qui ne contribuent en rien à l'essor du Québec tout entier. Alors, cette grande manifestation de réconciliation collective est prévue pour quand ? La déclaration d'amour mutuelle entre Québécois montréalais et ceux des régions ? Une déclaration qui rassemblerait au lieu de diviser ? Il est toujours permis de rêver.

Mais au-delà de toutes ces considérations, Montréal est définitivement vélo. Lors de mon expérience de *naufragé des villes*, dans laquelle ma bécane s'est avérée indispensable, j'ai été soufflé et séduit par la place que le vélo occupe à Montréal. Irrésistible. Montréal à vélo, quel tableau ! Une véritable peinture vivante dans laquelle le vélo imprègne le paysage et lui confère une beauté urbaine particulière. La grande utilisation de ce mode de transport, le réseau de pistes cyclables, la morphologie du territoire, l'originalité des Bixis et le trafic qui irrite de plus en plus, tout est en place pour que la ville se déclare capitale nord-américaine du vélo. Il n'y a qu'un petit pas à faire pour s'approprier ce titre, d'autant que le réseau de pistes cyclables de plus de six cents kilomètres classe Montréal parmi les meilleures villes au monde pour les déplacements à vélo. Beau positionnement qui rejaillirait sur l'ensemble des Québécois. Encore faudrait-il développer des infrastructures additionnelles et faire un peu de ménage, mais la voie est libre pour devenir cette capitale continentale. À sa réputation de ville branchée, techno et verte, s'ajouterait celle de ville vélo. Intéressant.

Mais Montréal traverse de durs moments. Tous les Québécois le reconnaissent et personne ne s'en réjouit. Montréal est le cœur du Québec. Ce cœur a de nombreuses artères bouchées ou obstruées. Il a besoin de soins. Une âme a besoin qu'on s'en occupe, qu'on l'entretienne. Il est temps de doter cette ville magnifique d'un cœur aussi puissant que son âme. Imaginez l'effet !

24
LE CANADA

Les deux solitudes. C'est probablement la définition la plus souvent entendue pour décrire l'état des relations entre le Québec et le Canada. Et le terme *société distincte* est celui le plus souvent utilisé pour définir le Québec par rapport au Canada. Trois Québécois sur quatre endossent et approuvent cette étiquette de société distincte, mais à peine le tiers des Québécois interrogés estiment que les Canadiens acceptent cette définition pour le Québec. Normal. Les Canadiens associent à cette expression un élément de «supériorité sociale» qu'ils refusent d'admettre. Avec raison. Au mieux parle-t-on (du bout des lèvres) de nation distincte, une définition qui s'avère finalement moins chauviniste. Une partie des relations plutôt froides et distantes entre les Québécois et les Canadiens prend sa source dans ce malentendu.

Plus les Québécois sont âgés, scolarisés et citadins, plus ils sont portés à penser que le Québec est une société distincte et moins ils sont nombreux à croire que les Canadiens acceptent cette distinction. Les écarts se creusent, les solitudes s'accentuent.

Malgré ces différends qui existent depuis la nuit des temps, le Canada ne semble pas être l'enfer que les Québécois décrivent si souvent. S'ils devaient vivre ailleurs dans le monde, les Québécois choisiraient d'abord la France (17 % des mentions), et une autre province canadienne tout de suite après (15 % des mentions). Cette proportion de mentions peut paraître faible, mais non négligeable si on considère que les Québécois pouvaient choisir le pays de leurs rêves, des îles Fidji à la Guadeloupe en passant par l'Australie.

Au-delà des chicanes et des différends qui existent entre le Québec et le Canada, il existe assurément des valeurs communes qui font de la société canadienne un endroit plus invitant que rebutant. Un endroit qui, d'une certaine manière, ressemble un peu aux Québécois. Sinon, pourquoi les États-Unis n'auraient-ils obtenu, dans le même palmarès cité précédemment, que la moitié des mentions recueillies par le Canada ?

La suspicion et la méfiance des Québécois envers la Confédération canadienne sont cependant solides. Près de trois Québécois sur quatre ne pensent pas que le caractère distinct du Québec puisse s'exprimer librement à l'intérieur de la Confédération canadienne. Le quart d'entre eux, dans leur choix de réponses, se montrent catégoriques à ce sujet. Mais plus les revenus des Québécois sont élevés, moins ils sont nombreux à partager l'avis de la majorité.

Outre la notion de société distincte, une question demeure fondamentale. Que pensent les Québécois des Canadiens ? Le principal élément qui ressort est l'indifférence. À peine 5 % des Québécois se sentent très proches et concernés par ce qui se passe dans les autres provinces canadiennes. Le tiers d'entre eux ne le sont pas du tout et la moitié, plus ou moins. Ce n'est que lors de rares moments rassembleurs et apolitiques, comme les derniers Jeux olympiques de Vancouver, que l'on sent un quelconque rapprochement, bien éphémère d'ailleurs.

Appelés à évaluer leur niveau de sympathie face aux Canadiens, les Québécois leur octroient une notre moyenne de 7,33 sur 10. Une note plutôt moche, car ce score de 7,33 démontre de l'indifférence. Y a-t-il quelque chose de plus moche que de l'indifférence? À huit et plus, on aurait presque proclamé une idylle amoureuse, un «kick» des Québécois pour les Canadiens. À sept et moins, qu'ils ne les aiment pas. À 7,33, c'est plate. C'est tout et rien à la fois. Les Québécois n'ont pas d'opinion ferme et tranchée sur les Canadiens. Ils ne les détestent pas plus qu'ils ne les aiment. Ils disparaîtraient que leur vie n'en serait pas chamboulée. Il serait toutefois intéressant de connaître et de comparer la note que les Canadiens accorderaient aux Québécois. De quoi alimenter les médias pour quelques jours.

Pour des raisons historiques, politiques, géographiques et commerciales, nos amis canadiens des autres provinces, nos cousins français et nos voisins américains sont les trois peuples les plus présents dans la vie des Québécois. Pour mieux comprendre comment ces derniers perçoivent les autres peuples et comment ils se perçoivent parmi eux, l'IRB les a questionnés. Ainsi, pour douze caractéristiques, les répondants devaient nommer le peuple auquel chacune correspond le mieux. Les résultats sont révélateurs de l'image que les Québécois ont d'eux-mêmes et de celle qu'ils se font des autres, notamment des Canadiens.

D'abord, la bonne opinion que les Québécois ont d'eux-mêmes est une fois de plus confirmée. Choisissant parmi quatre peuples (Américains, Canadiens, Français et Québécois), les Québécois se désignent comme les plus sympathiques, les plus honnêtes et les plus travaillants. Monsieur Lucien Bouchard ne savait peut-être pas à quoi il s'attaquait lorsqu'il a prétendu que les Québécois ne travaillaient pas suffisamment! C'est sans surprise qu'ils s'évaluent aussi chialeux, mais pas autant que les Français. Précisons également que les Québécois se désignent comme les plus indisciplinés et les moins déterminés. Vraiment une constance que cette dernière caractéristique.

Selon les résultats de cet exercice de perception de quatre peuples, les Québécois jugent leurs amis canadiens bien tranquilles, ennuyants presque. Ils les désignent comme les plus disciplinés, mais aussi comme les plus conservateurs et les plus résignés. Rien pour faire la fête. Ils seraient aussi les moins paresseux et les moins racistes. Notons que la perception que les Québécois ont des autres Canadiens s'avère nettement plus positive que celle qu'ils ont des Américains. On comprend pourquoi ils préféreraient aller vivre chez leurs amis de l'ouest plutôt que chez leurs voisins du sud.

La perception qu'ils ont des Américains est très tranchée. Une «américanophobie», à peu de chose près. Aux yeux des Québécois, les Américains sont les plus quétaines, les plus ignorants, les plus racistes. En outre, on les juge peu sympathiques, pas très honnêtes et assez conservateurs. La seule qualité que les Québécois leur reconnaissent, c'est celle qui leur manque: la détermination. Cette dernière n'est d'ailleurs pas sans conférer aux Américains une aura de puissance, qui impressionne bon nombre de Québécois. Parlez-en à Elvis Gratton, le légendaire personnage créé par Pierre Falardeau.

Les résultats de cette enquête de perception de quatre peuples expliquent aussi un peu mieux l'étiquette de «maudit Français» qu'on accole souvent à nos cousins. Pour les Québécois, les Français sont, et de loin, les plus chialeux et les moins sympathiques. En plus, ils sont paresseux. Il semble exister une relation amour/haine entre Québécois et Français. Ils peuvent les aimer autant que les détester. Les Québécois reconnaissent toutefois l'avant-gardisme des Français.

Le Canada, pour les Québécois, ce n'est donc ni l'enfer, ni le paradis. Les Canadiens sont perçus comme des connaissances lointaines, et non comme des amis. On les côtoie à l'occasion, mais sans manifestation trop intime. Un Québécois sur quatre a quand même l'intention ferme, dans la prochaine année, d'y séjourner pour des vacances.

Les Québécois se plaisent chez eux. Seulement 3 % souhaiteraient vivre ailleurs d'une façon définitive et 7 % pour une période prolongée de plusieurs années. Le paradoxe québécois se manifeste encore une fois. Ils sont attachés à leur coin de pays, mais le critiquent sans cesse. Sans doute parce qu'ils ne veulent pas le quitter. Peut-être aussi parce que les Québécois *se plaignent le ventre plein*. Cette expression populaire est sûrement l'image la plus juste et la plus pertinente du caractère chialeux et paradoxal des Québécois.

25
L'AVENIR

Nous voici maintenant au dernier chapitre, celui de l'avenir. L'IRB a fouillé dans la tête des Québécois. Une véritable radiographie. Un mot, une conclusion revient constamment : pessimisme. Pas tellement bon pour le bonheur lorsqu'on sait que son contraire, l'optimisme, représente le douzième des vingt-quatre facteurs d'influence du bonheur.

Le Québec est en mal de confiance. La confiance en soi, envers les autres, envers les pouvoirs et ceux qui les représentent. Les prochaines données sont assommantes et n'augurent rien de bon. Ainsi, plus de la moitié des Québécois doutent que le Québec possède tout ce qu'il faut pour devenir l'une, sinon la meilleure société au monde. De ce lot, le tiers (20 %) sont très affirmatifs et n'y croient pas du tout. La portion française du « plus meilleur pays du monde » de Jean Chrétien n'est plus que l'ombre d'elle-même. Mais qu'est-ce qui empêche tant de Québécois de l'envisager ? Le premier critère pour atteindre un objectif n'est-il pas d'abord d'y croire ?

Aussi, alors que 15 % des Québécois croient que le Québec de 2035 sera une meilleure société que celle d'aujourd'hui, ils sont le double à penser le contraire. Il est d'ailleurs intéressant de constater que les personnes qui détiennent un diplôme universitaire de deuxième cycle constituent le seul segment sociodémographique où on est plus nombreux à penser que le Québec sera, en 2035, une meilleure société. Et les dirigeants québécois hésitent encore à investir dans l'éducation, dans l'avenir. Au contraire, ils la taxent, l'alourdissent et la restreignent. Même les jeunes entre dix-huit et vingt-quatre ans, ces éternels optimistes, sont plus nombreux à penser que le Québec de 2035 sera pire que celui d'aujourd'hui.

Pour en rajouter, rappelons que l'Indice de bonheur moyen des neuf mille sept cent quarante-trois étudiants qui ont répondu aux différents questionnaires de l'IRB se situe en dessous de la moyenne nationale. Des vingt-quatre facteurs d'influence du bonheur, dix-neuf sont évalués négativement par eux. Le facteur # 12, l'optimisme, s'avère, pour les étudiants, plus faible que pour la moyenne des Québécois. Cerise sur le sundae, les étudiants sont plus nombreux que la moyenne québécoise à considérer que leur niveau de bonheur s'est détérioré dans la dernière année. Ces résultats sont franchement désolants. Quand nos jeunes affichent un score aussi déplorable, quand le pessimisme prend le dessus sur l'optimisme, c'est un signe que notre société ne se porte pas bien, qu'elle vacille[5].

Le Québec de demain serait donc, aux dires de la majorité des Québécois, moins bon ou, au mieux, pareil. Son visage serait aussi passablement différent, marqué par un effacement progressif de ses racines traditionnelles. La vaste majorité des Québécois le pensent et le tiers vont même jusqu'à prétendre qu'il sera totalement différent de ce qu'il est actuellement. Cette éventuelle transformation majeure de la société est

---

5. Les étudiants se montrent presque toujours plus positifs et optimistes lorsque sondés sur des éléments ou projets concrets, mais plus négatifs et pessimistes lorsque confrontés à l'avenir au sens large.

davantage pressentie comme une crainte de la part des Québécois, une menace, plutôt que comme une opportunité d'amener cette société ailleurs, de la rendre meilleure.

Plus de la moitié des Québécois, francophones pour la plupart, évaluent qu'en 2035, les immigrants composeront près de la moitié de la population. Avec un taux de fécondité de 1,7 enfant par Québécoise «de souche», comment d'ailleurs pourrait-il en être autrement, alors que le seuil de renouvellement se situe à 2,1 enfants par femme?

L'accroissement de l'immigration, concentrée à Montréal, risque d'exacerber les différences avec les régions tout en accentuant son caractère distinct. Les données démographiques officielles et les projections confirment que plusieurs régions seront décharnées, appauvries. Leurs poids démographiques ne justifieront plus l'importance politique qu'elles ont aujourd'hui. Cette situation ne pourra qu'engendrer une plus grande incompréhension des uns par rapport aux autres et ne sera pas sans créer des tensions additionnelles.

On peut penser que la culture et la langue seront au centre du débat. On peut également se demander jusqu'où les Québécois se battront pour les préserver. Plus de 40 % pensent que la culture francophone est menacée à moyen et à long terme, tandis que 16 % seulement ne partagent pas cette vision. Les autres se rangent du côté du *statu quo*, ou préfèrent ne pas se prononcer sur la question. Les Québécois sont nombreux à penser que le français, dans quelques décennies, ne sera plus la langue la plus parlée au Québec. Mais la pire donnée, la plus révélatrice, celle qui fait le plus mal aussi, s'avère troublante. Selon les Québécois, la première menace à la culture francophone provient, et de loin, du désintéressement progressif des francophones eux-mêmes face à leur culture. Les Québécois seraient donc leur plus grand ennemi. L'omniprésence de l'anglais et l'importance de l'immigration, comme facteurs combinés, récoltent moins de mentions que le désintéressement des francophones face à leur culture pour expliquer ce qui la menace le plus.

En 2035, l'âge moyen de la population québécoise sera de 44,3 ans, soit 3,3 ans de plus qu'aujourd'hui; la moyenne la plus élevée de la planète après le Japon. Le nombre de travailleurs pour chaque retraité passera de 3,9 à 2,5. Le vieillissement de la population sera phénoménal et brutal; près de 30 % de la population auront plus de 65 ans, ce qui est énorme. Mais à peine le quart des Québécois s'inquiètent ou se soucient de ce phénomène. Par ailleurs, ils ne sont que 24 % à se considérer prêts financièrement à s'occuper d'un proche malade ou mourant.

Pas de doute, la société québécoise change et ces changements s'accéléreront. Il sera de plus en plus difficile, dans une société fragmentée et fortement individualiste, de créer des projets rassembleurs. Comment réagiront les différents acteurs de cette société en devenir? Les Québécois de toutes confessions trouveront-ils la force et la sagesse de construire une nation basée sur la tolérance, la compréhension, le respect des peuples fondateurs et l'entraide plutôt que sur le parti pris, l'exclusion, la crainte et l'individualisme?

Les Québécois de souche, moins nombreux en proportion, auront-ils la maturité, la confiance et l'ouverture nécessaires pour assumer des choix qui affaibliront leurs positions traditionnelles ainsi que leur rôle, mais qui les porteront vers une nouvelle réalité incontournable? Ce sont là des questions fondamentales auxquelles les Québécois tous ensemble devront répondre pour mieux agir. Ils devront se prendre en mains plutôt qu'attendre que des réponses et des actions leurs soient imposées de façon improvisée par des dirigeants envers lesquels ils n'ont aucune confiance.

Sur le plan politique, pas de doute, le Québec ne sera pas souverain. Plus de la moitié (55%) des Québécois pensent que le Québec ne formera jamais un état indépendant. Cette notion d'indépendance semble être une chose du passé. Mais le passé, comme les modes, refait souvent surface. En 2012 toutefois, la souveraineté serait lourde de conséquences. Si elle se concrétisait, 15% des Québécois francophones songeraient même à quitter le Québec pour aller vivre ailleurs. Le feraient-ils? C'est une tout autre histoire.

Mais le Québec, comme le Canada d'ailleurs, est loin d'être l'enfer sur terre. Les deux tiers des Québécois considèrent que la qualité de vie qu'ils y trouvent est exceptionnelle. Malgré cette qualité de vie avouée, les trois quarts des Québécois croient que le Québec pourrait s'améliorer passablement comme société. Évidemment, cette croyance que la société dans laquelle ils vivent puisse être meilleure est nettement moins partagée par les *boomers* québécois. Encore eux, bien assis sur leurs acquis et convaincus qu'ils ont tout inventé. Leur héritage ne servira finalement que leurs besoins. Jamais la thématique «Tasse-toi mon oncle» de la célèbre et controversée campagne publicitaire de Volkswagen (datant de quelques années) n'a semblé aussi pertinente et fondée qu'aujourd'hui.

Les Québécois parviendront-ils à améliorer la société dans laquelle ils vivent? Possiblement, mais pour y arriver, ils devront se montrer plus solidaires les uns des autres. Ce ne sera assurément pas une tâche facile, car moins du quart d'entre eux considèrent qu'ils forment un peuple solidaire.

Le pessimisme des Québécois semble d'ailleurs s'inscrire dans une tendance plus large, qui s'étend bien au-delà des frontières du Québec. Si près des trois quarts d'entre eux considèrent l'Homme comme un être foncièrement bon, ils doutent cependant de ses capacités à faire les bons choix, à prendre les bonnes décisions. Ainsi, les Québécois sont nettement moins nombreux à penser que l'intérêt collectif primera un jour sur les intérêts individuels. Ils sont également moins nombreux à voir en demain un monde meilleur.

Pour ce qui est du rôle et de la place qu'occuperont les gouvernements dans les prochaines années, les Québécois sont nombreux à penser qu'elle sera moins importante. Cette seule donnée en dit long sur l'individualisme, le désabusement exprimé envers les institutions politiques et publiques ainsi que sur la place prépondérante que prendra éventuellement le secteur privé.

Il semble flotter au-dessus de la tête des Québécois un nuage de désillusion, de fatalisme, de renoncement. La suspicion et le scepticisme s'installent et occupent chaque jour un peu plus de terrain. Malgré tout, quatre Québécois sur cinq pensent que leur niveau de bonheur en 2035 sera égal ou supérieur à celui d'aujourd'hui. Tant mieux, mais paradoxal tout de même. Révélateur aussi. Collectivement pire demain, mais individuellement mieux.

CONCLUSION

Selon les résultats compilés et les analyses effectuées par l'IRB, l'avenir du Québec semble s'annoncer plus gris que rose. Mais il appartient aux Québécois, de tous âges et toutes origines, d'en modifier la couleur pour que l'avenir devienne celui qu'ils souhaitent. Pour y parvenir, de nombreux chantiers sociaux seront à réaliser au cours des prochaines années. À la lumière de cet ouvrage, l'auteur a pris la liberté d'en énumérer deux. Que deux. Pourquoi? Parce que ces deux chantiers sont à la base de tout. Parce que rien ne peut se faire sans qu'ils prennent d'abord forme. Parce qu'il s'avère inutile, une fois de plus, de mettre la charrue devant les bœufs. De ces deux chantiers découleront tous les autres: l'accessibilité aux soins de santé et à l'éducation, la préservation de l'environnement, la résorption de la dette, l'intégration des futurs immigrants, l'adaptation au vieillissement de la population, le partage de la richesse, etc. La façon dont les Québécois aborderont ces défis, et tous les autres d'ailleurs, dépendra de leur capacité à réaliser ces deux premiers chantiers.

D'abord et avant tout, il apparaît impératif de rétablir la confiance. Une confiance minimale à tout le moins. À tous les échelons. Imaginez: appelés à évaluer le niveau de confiance qu'ils accordent aux différentes formes de pouvoirs (politique, médiatique, juridique et syndical), la note moyenne octroyée par les Québécois n'est que de 4,24. Une catastrophe! De mémoire de sondeur, cette note semble la plus faible jamais enregistrée pour une question similaire.

La confiance est fondamentale. Aussi importante pour une société que pour l'homme, l'air qu'il respire. La confiance est le signe d'une société prospère, solide et heureuse. Or, le bris de confiance des Québécois est total et ne date pas d'hier. Ce constat fut d'ailleurs l'un des tous premiers émis par l'IRB à l'aube de 2007. Lorsque la population n'a plus confiance en ceux qui la dirigent, l'individualisme règne, la solidarité disparaît et la société perd sa définition. L'univers de chacun se résume à son nombril et aucun projet ne peut prendre racine et porter ses fruits. S'installe alors une sorte de dérive démocratique et sociale ainsi qu'un climat de suspicion généralisé. Un terreau fertile à l'égoïsme où la nuance dans les jugements devient caduque, où les préjugés s'installent plus rapidement et plus facilement, où la tolérance devient bien courte. Le Québec y est déjà. Dans ce contexte, une introspection générale s'avère essentielle.

Cette introspection devra se faire sur une seule et même base. En se posant une seule et même question : comment les différents pouvoirs peuvent-ils mieux servir les intérêts communs dans le contexte des années à venir? Une introspection transparente où les notions d'humilité, d'intégrité, de détachement, de respect et de bien commun auront préséance sur toutes les autres. En se posant la question : comment faire autrement? En n'hésitant pas à questionner certains droits acquis, privilèges, méthodes et fonctionnements peut-être? Comment changer sans nécessairement tout révolutionner? Rappelons-nous la célèbre phrase d'Einstein : « La folie, c'est se comporter de la même manière et s'attendre à un résultat différent. » Si cette volonté de faire autrement n'émane pas des pouvoirs officiels, elle devra provenir du pouvoir civil.

Ce dernier a maintenant la capacité d'imposer. Vœu pieux? Souhait naïf et irréalisable? Possible. Les suggestions sont les bienvenues.

Le deuxième chantier, issu du premier et réalisé presque simultanément, serait de bâtir un plan. Eh oui! Un plan qui détermine, explique et illustre le type de société dans laquelle les Québécois souhaiteraient vivre dans 20 ou 30 ans. Certains diront que ce plan existe, mais plus des trois quarts des Québécois (76 %) ne croient pas à son existence.

Comment déterminer la justesse d'une action si elle ne s'insère dans aucun plan? Comment qualifier et donner la priorité à une action ou une autre si elle ne peut s'inscrire dans l'atteinte précise d'objectifs à court, moyen et à long terme? Si élémentaire, mais si compliqué. Probablement une déformation professionnelle de l'auteur, mais en marketing et en communication, aucune action n'a de sens si elle ne dessert pas un plan précis, des objectifs bien définis. Il ne s'agit pas de vulgairement «brander» le Québec, mais de le définir. C'est différent. Un exercice nécessaire, fondamental même.

Dans le contexte québécois actuel, tous les efforts sont dirigés vers les actions. Depuis de nombreuses années d'ailleurs. Pas surprenant qu'aucun consensus ne se forme, qu'aucune unanimité n'émerge. Débattre de la pertinence d'actions sans connaître le plan qu'elles desservent ne conduit qu'à des débats stériles. L'argumentation, d'un côté comme de l'autre, s'enfarge alors dans les détails. Elle sombre ensuite rapidement, pour les défendre et les justifier, dans la démagogie. Et on se surprend alors du langage parfois ordurier utilisé dans l'arène politique.

Peut-on définir simplement, sur quelques pages et de façon compréhensible pour tous, le type de société que nous voulons pour le Québec de demain? Peut-on déterminer les grandes lignes, les principaux éléments sur lesquels s'appuiera cette société ? Peut-on intéresser et mobiliser les différents acteurs, les différents pouvoirs et la population québécoise dans les efforts à faire pour concevoir ce plan ? Peut-on le faire sans se diviser, sans se déchirer, en respectant et confirmant le caractère distinct qui nous définit, mais aussi la nouvelle réalité qui s'impose ? Peut-on tous travailler ensemble, dans le respect de nos différences, plutôt que les uns contre les autres ? Une société qui se dit particulièrement tolérante et ouverte devrait y arriver, non ?

Être une société distincte signifie d'abord faire des choix. Décider non pas en fonction de ce que les autres font et sont, mais de ce qui sera meilleur pour les Québécois. Évidemment, il est toujours plus facile et moins risqué de se fondre dans la masse, de se perdre dans les moyennes nationales. Car se distinguer demande de l'audace, du courage, de la détermination et de la vision. Tous des éléments qui, en 2012, font cruellement défaut aux Québécois.

Une prise de conscience menant à la réalisation de ces deux chantiers serait déjà un grand pas. Un pas qui ne pourrait que conduire, à n'en pas douter, à l'amélioration du bien-être des Québécois et, conséquemment, de leur niveau de bonheur individuel et collectif.

ANNEXES

MÉTHODOLOGIE 101

L'essai *Québécois 101* et la multitude de données sur lesquelles il s'appuie est le fruit de cinq ans de travail. L'IRB (Indice Relatif de Bonheur), lancé en novembre 2006, s'est donné la mission de faire du bonheur une véritable variable qui complète et bonifie les éternelles données économiques et financières et apporte un éclairage différent lorsque vient le temps de porter un jugement sur une société, une collectivité.

S'il importe de savoir si une société est pauvre ou non et jusqu'à quel point, il est tout aussi et même plus important de savoir si cette dite société est heureuse ou non. Cette notion semble fondamentale, mais elle n'occupe aucune place officielle et ne se veut la préoccupation avouée d'aucun dirigeant lorsque vient le temps de dresser le portrait d'une société. Seules les données à saveurs économique et financière sont prises en compte. L'IRB souhaite donc combler cette lacune en faisant du bonheur une variable d'abord sociale et humaine, mais également une variable technique et scientifique.

Qu'est-ce que l'IRB, au juste ? C'est simple, c'est l'autoévaluation que chaque individu fait de son niveau de bonheur Parce qu'il est le seul à pouvoir le faire. Malgré toutes les avancées technologiques, personne n'est encore en mesure aujourd'hui de déterminer le niveau de bonheur de quelqu'un d'autre. Même John Zelinski, directeur du «Happiness Laboratory» de l'Université Carlton à Ottawa, après des années de recherche, arrive à la même conclusion. Et la seule façon de savoir si quelqu'un est heureux, c'est de le lui demander, simplement, et de le faire en utilisant une échelle de 10, 100 ou 1 000. C'est très exactement ce que fait l'IRB.

Mais afin de connaître le niveau de bonheur d'une société, de le décortiquer et de déterminer les différents facteurs et comportements qui l'influencent, il faut d'abord et avant tout poser des questions. À partir de son site (www.indicedebonheur.com), l'IRB en a donc posé. Pas moins de huit cents questions couvrant presque tous les sujets possibles et imaginables, des sujets qui composent et définissent la vie. L'amour, le travail, l'argent, la politique, les relations hommes/femmes, l'environnement, l'éducation, la mort, la spiritualité, etc.

Chacune des réponses données est croisée avec l'IRB des répondants et permet d'identifier des relations, des corrélations ou des liens de causes à effets. Le but est de savoir comment et combien la relation entre certaines valeurs, opinions, caractéristiques ou comportements influence positivement ou négativement le niveau de bonheur des individus et des collectivités.

La diffusion d'une multitude d'articles sur le site de l'IRB (cinq cents) et les innombrables entrevues réalisées dans les médias (plus de mille) ont généré un achalandage appréciable et ont permis, au fil des cinq dernières années, de compléter quarante différentes enquêtes. Dans chacune d'elles, les participants étaient appelés à évaluer leur niveau de bonheur sur une échelle de un à dix afin que l'on puisse procéder aux analyses et établir les différents facteurs d'influence du bonheur. Au total, plus de soixante-dix mille personnes ont participé à l'une ou l'autre de ces enquêtes. Ces répondants proviennent de toutes les régions du Québec. Et le poids démographique de celles-ci est fidèlement représenté dans chacune des enquêtes.

Le principe derrière l'IRB est simple : les personnes qui visitent le site ont la liberté de compléter ou non l'un des sondages en ligne. La pénétration d'internet et/ou les nombreuses possibilités d'y accéder font en sorte que les résultats reflètent fidèlement la réalité québécoise.

Pour s'en assurer et avant de procéder aux analyses, les fichiers des réponses aux sondages ont été systématiquement transférés à la firme de recherche montréalaise L'Observateur, afin qu'elle procède à la pondération des résultats. Jacques Pelletier, président de L'Observateur et mathématicien possédant une maîtrise en statistiques avec spécialisation en calcul des tailles échantillonnales, supervise ce travail[6]. Systématiquement, les résultats de chacune des enquêtes réalisées par l'IRB sont pondérés afin de respecter la sociodémographie du Québec en se basant sur les plus récentes données de Statistique Canada. En termes plus simples, disons que si, pour une enquête donnée, les femmes sont en plus grand nombre que les hommes, nous pondérons leurs réponses afin que leur poids et leur importance soient fidèles et conformes à leur réalité démographique. L'IRB procède ainsi pour chaque segment sociodémographique, qu'il s'agisse des revenus, de l'âge, de la scolarité, et ainsi de suite.

Aussi, les sondages de l'IRB comprennent volontairement un plus grand nombre de répondants que les sondages habituellement conduits. Cette approche permet de travailler avec des marges d'erreur plus faibles et d'analyser les résultats avec une plus grande fiabilité statistique.

Au fil des ans et des enquêtes réalisées, l'IRB est devenu un véritable observatoire social indépendant plutôt qu'une firme de recherche commerciale. Aucune des questions posées n'est

---

6. www.observateur.qc.ca

commanditée ou financée par un organisme ou une entreprise dont les objectifs seraient forcément intéressés. Les données sont donc la seule propriété de l'IRB. Cette approche lui procure une liberté totale ainsi qu'une marge de manœuvre exceptionnelle quant aux sujets abordés et aux questions posées. L'IRB peut ainsi se permettre de sonder des zones inhabituelles et explorer des thématiques très peu souvent abordées.

La multitude d'informations que possède l'IRB est une grande richesse, car elle est en partie unique. Cette banque de données phénoménale permet une compréhension inédite de la société québécoise et procure une vision différente dont bien peu d'organisations peuvent bénéficier.

Tout au long de ces cinq dernières années, l'IRB s'est efforcé d'agir avec rigueur, méthode et professionnalisme. Les résultats obtenus et les informations transmises, sans constituer une Bible incontestable, s'avèrent néanmoins pertinents, scientifiques et crédibles.

LES TABLEAUX

TABLEAU 1
Palmarès des qualités des Québécois

RANG	QUALITÉS	MENTIONS*
1	Chaleureux	69 %
2	Ouvert d'esprit	36 %
3	Généreux	31 %
4	Débrouillard	23 %
5	Travaillant	14 %
6	Sensible	10 %
7	Déterminé	6 %
8	Courageux	5 %
9	Optimiste	4 %
10	Discipliné	1 %

* *Le total des mentions arrive à ~200 %, car chaque répondant devait choisir deux qualités et deux défauts.*

TABLEAU 2
Palmarès des défauts des Québécois

RANG	DÉFAUTS	MENTIONS*
1	Plaignard (chialeux)	74 %
2	Mou	40 %
3	Complexé	17 %
4	Paresseux	16 %
5	Méfiant	14 %
6	Conservateur	12 %
7	Fataliste	11 %
8	Intolérant	8 %
9	Immature	6 %
10	Prétentieux	3 %

* *Le total des mentions arrive à ~200 %, car chaque répondant devait choisir deux qualités et deux défauts.*

TABLEAU 3
Classement des 7 vertus en fonction de celle qu'on trouve la plus valable

RANG	VERTUS	MENTIONS
1	La justice	36 %
2	La persévérance	22 %
3	La charité	15 %
4	La tempérance	10 %
5	L'espérance	8 %
6	La foi	7 %
7	La prudence	3 %

TABLEAU 4
Classement des 7 vices en fonction de celui qu'on a le plus en horreur

RANG	VICES	MENTIONS
1	L'avarice	24 %
2	La colère	22 %
3	La paresse	21 %
4	L'envie	14 %
5	L'orgueil	11 %
6	La gourmandise	3 %
7	La luxure	2 %

TABLEAU 5
Palmarès des types de personnalité

Un exercice amusant et sans prétention qui permet à chacun de choisir le type de personnalité qui lui convient le mieux.

RANG	TYPE DE PERSONNALITÉ	MENTIONS
1	Réservé(e), à son affaire	16,7 %
2	Maudit(e) bon(ne) gars (fille)	11,8 %
3	Boute-en-train toujours positif(ve)	10,4 %
4	Chialeux(se) sympathique	6,8 %
5	Force tranquille	6,5 %
6	Rebelle un peu revendicateur(trice)	5,2 %
7	Original(e) avant-gardiste	4,5 %
8	Bollé(e), avisé(e) et éclairé(e)	3,7 %
9	Straight, un peu sévère et discipliné(e)	3,4 %
10	Manuel(le), débrouillard(e)	3,3 %
11	Sage, un peu philosophe	3,1 %
12	Sensible, à fleur de peau	2,8 %
13	Nerd, un peu solitaire	2,3 %
14	Perfectionniste un peu maladif(ve)	2 %
15	Rêveur(se) un peu déconnecté(e)	2 %
16	Pragmatique, « terre à terre »	1,9 %
17	Intense, qui brûle la chandelle par les deux bouts	1,9 %
18	Cool, assez déluré(e)	1,9 %
19	Sportif(ve) accompli(e)	1,9 %
20	Coup de vent, un peu hyperactif(ve)	1,8 %
21	Véritable « boîte à surprise »	1,7 %
22	BCBG, un peu snobinard(e)	1,6 %
23	Tête de cochon, pas reposant(e)	1,3 %
24	Granola version 2012	1 %
25	Conformiste, un peu borné(e)	0,4 %

TABLEAU 6

Palmarès des 20 qualités les plus recherchées chez l'autre sexe

RANG GÉNÉRAL	QUALITÉS	MENTIONS	HOMMES (mentions et rang)	FEMMES (mentions et rang)
1	L'honnêteté	36 %	30 % (1)	40 % (1)
2	Le sens de l'humour	22,9 %	18,2 % (4)	27,1 % (2)
3	L'écoute	20,7 %	19 % (3)	22,5 % (3)
4	L'intelligence	14,3 %	19,1 % (2)	9,8 % (6)
5	Le respect	12,2 %	7,3 % (9)	16,7 % (4)
6	La tendresse	9,2 %	8,1 % (8)	10,2 % (5)
7	La beauté	9,1 %	16,2 % (5)	2,7 % (17)
8	La sympathie	8,1 %	9,6 % (6)	6,8 % (9)
9	La fidélité	7,2 %	4,6 % (14)	9,6 % (7)
10	La joie de vivre	6,9 %	9 % (7)	4,9 % (11)
11	L'ouverture d'esprit	6,7 %	6,3 % (10)	7 % (8)
12	L'authenticité	5,9 %	6,9 % (13)	5 % (10)
13	La générosité	5,1 %	5,4 % (12)	4,8 % (12)
14	L'optimisme	4,9 %	6,0 % (11)	3,9 % (14)
15	La confiance en soi	4,3 %	3,2 % (18)	3,6 % (15)
16	L'intégrité	4,2 %	3,8 % (15)	4,7 % (13)
17	Le charme/romantisme	3 %	3,8 % (15)	2,3 % (19)
18	Le sens des responsabilités	2,9 %	2,3 % (19)	3,6 % (15)
19	L'autonomie	2,4 %	3,8 % (15)	1,1 % (20)
20	La communication	2,2 %	1,8 % (20)	2,6 % (18)

TABLEAU 7
Les vingt-quatre facteurs d'influence du bonheur selon l'IRB

Les vingt-quatre facteurs d'influence du bonheur sont autant reliés à des attitudes qu'à des comportements ou des caractéristiques. Ils ont été déterminés à la suite d'un travail colossal d'analyse, d'interprétation et de pondération de plus de mille réponses données à des centaines de questions posées. L'IRB a pu ainsi calculer l'incidence de chacun d'eux sur l'évaluation du bonheur des gens.

LES 24 FACTEURS D'INFLUENCE DU BONHEUR PAR ORDRE D'IMPORTANCE	
RANG	FACTEURS
1	L'accomplissement
2	La santé
3	Le travail
4	La famille
5	Les finances
6	L'amour
7	La liberté
8	La reconnaissance
9	L'amitié
10	La sérénité
11	L'amélioration dans la dernière année
12	L'optimisme
13	La spiritualité
14	Le moment présent
15	La capacité d'adaptation
16	L'altruisme
17	L'environnement
18	La connaissance
19	Le profil sociodémographique

LES 24 FACTEURS D'INFLUENCE DU BONHEUR PAR ORDRE D'IMPORTANCE	
RANG	FACTEURS
20	L'ouverture
21	L'intégrité
22	La conscientisation sociale
23	La solidarité
24	Le jugement

TABLEAU 8
Les 12 valeurs IRB/Jobboom des Québécois face au travail (classement général)

RANG	VALEURS	NOTE
1	Le climat de travail	9,33
2	L'argent	8,50
3	Le plaisir	8,33
4	La reconnaissance	8,17
5	Le dépassement	7,50
6	L'authenticité	7,50
7	L'éthique	6,65
8	La soif d'apprendre	5,85
9	La santé et le bien-être	5,50
10	L'ouverture	5,15
11	Le prestige	4,50
12	L'implication sociale	4,50

TABLEAU 9
Palmarès 2011 des professions selon l'indice relatif de bonheur

RANG	PROFESSIONS	IRB MOYEN
1	Directeur	77,90
2	Retraité	77,50
3	Avocat	77,10
4	Représentant	76,70
5	Enseignant	76,40
6	Travailleur autonome	76,30
7	Notaire	76,20
8	Programmeur	76,10
9	Consultant	75,90
10	Professionnel de la santé	75,60
11	Publicitaire	75,50
12	Coiffeur	75,40
13	Chercheur	75,30
14	Agent de la paix	75,10
15	Commis de bureau	75,00
16	Journaliste	75,00
17	Comptable	74,90
18	Guide	74,50
19	Technicien	74,50
20	Artiste	74,10
21	Architecte	73,90
22	Ingénieur	73,80
23	Adjoint administratif	73,60
24	Serveur	73,60
25	Agent d'information	73,30
26	Mécanicien	73,00

RANG	PROFESSIONS	IRB MOYEN
27	Secrétaire	73,00
28	Graphiste	73,00
29	Gérant	72,90
30	Personnel de soutien	72,80
31	Comédien	72,70
32	Contremaître	72,70
33	Électricien	72,30
34	Caissier	72,20
35	Informaticien	72,00
36	Étudiant	72,00
37	Cuisinier	71,90
38	Musicien	71,90
39	Ouvrier spécialisé	71,80
40	Vendeur	71,50
41	Camionneur	70,00
42	Agriculteur	70,00
43	Plombier	69,60
44	Menuisier	68,80
45	Sans emploi	62,90

TABLEAU 10
Groupes considérés comme les plus favorisés par la société québécoise actuelle

RANG	GROUPES	MENTIONS
1	Les immigrants	46 %
2	Les fonctionnaires	39 %
3	Les jeunes familles	35 %
4	Les personnes âgées	19 %
5	Les enfants	19 %
6	Les jeunes	13 %
7	Les étudiants	10 %
8	La classe moyenne	10 %
9	Les artistes	7 %
10	Les personnes vivant en région	3 %

* *Le total des mentions arrive à ~200 %, car chaque répondant devait choisir deux groupes parmi les dix suggérés.*

TABLEAU 11
Palmarès 2009 des idoles des Québécois (mentions générales)

RANG	NOMS	MENTIONS
1	René Lévesque	16,9 %
2	Céline Dion	10,6 %
3	Dalaï-Lama	5,2 %
4	Mère Teresa	4,9 %
5	Gandhi	4,6 %
6	Maurice Richard	4,5 %
7	Hubert Reeves	4,3 %
8	Martin Luther King	3,9 %
9	Nelson Mandela	3,3 %
10	Albert Einstein	3,1 %
11	Elvis Presley	2,3 %
12	Madonna	2,2 %
13	Bono	1,5 %
14	John F. Kennedy	1,5 %
15	John Lennon	1,5 %
16	Al Gore	1,5 %
17	Leonardo Da Vinci	1,4 %
18	Janette Bertrand	1,4 %
19	Ginette Reno	1,3 %
20	Jean-Paul II	1,3 %
21	Jacques Parizeau	1,3 %
22	David Suzuki	1,2 %
23	Alex Kovalev	1,1 %
24	Guy Lafleur	1,0 %
25	Chantal Lacroix	1,0 %

TABLEAU 12
Palmarès 2009 des idoles des Québécois
(selon le sexe)

RANG	HOMMES	MENTIONS	FEMMES	MENTIONS
1	René Lévesque	19,8 %	Céline Dion	16,7 %
2	Maurice Richard	6,8 %	René Lévesque	14,2 %
3	Gandhi	5,3 %	Mère Teresa	7,5 %
4	Dalaï-Lama	5,2 %	Dalaï-Lama	5,4 %
5	Albert Einstein	4,9 %	Hubert Reeves	4,9 %
6	Céline Dion	4,3 %	Martin Luther King	4,8 %
7	Hubert Reeves	3,7 %	Nelson Mandela	4,2 %
8	Martin Luther King	2,9 %	Gandhi	3,7 %
9	Nelson Mandela	2,4 %	Madonna	3,6 %
10	Mère Teresa	2,2 %	Elvis Presley	2,9 %
11	Al Gore	2,0 %	Maurice Richard	2,4 %
12	Guy Lafleur	2,0 %	Janette Bertrand	2,3 %
13	Jean Béliveau	1,9 %	Ginette Reno	1,8 %
14	Winston Churchill	1,9 %	John Lennon	1,7 %
15	Bono	1,8 %	Chantal Lacroix	1,7 %
16	Jacques Parizeau	1,7 %	Alex Kovalev	1,6 %
17	Jean-Paul II	1,7 %	Lady Diana	1,5 %
18	John. F. Kennedy	1,6 %	David Suzuki	1,5 %
19	Elvis Presley	1,6 %	Albert Einstein	1,4 %
20	Leonardo Da Vinci	1,5 %	Marie-Soleil Tougas	1,4 %
21	John Lennon	1,3 %	Oprah Winfrey	1,3 %
22	Félix Leclerc	1,3 %	Bono	1,3 %
23	Pierre Elliott Trudeau	1,3 %	John. F. Kennedy	1,3 %
24	Jésus	1,2 %	Véronique Cloutier	1,2 %
25	Yvon Deschamps	1,1 %	Leonardo Da Vinci	1,2 %

Marquis imprimeur inc.

Québec, Canada
2012

L'impression de cet ouvrage sur papier recyclé a permis de sauvegarder l'équivalent de 16 arbres de 15 à 20 cm de diamètre et de 12 m de hauteur.